Renata Aguilar

O lúdico na escola

4ª Edição

EDICON

CIP-BRASIL. CATALOGAÇÃO NA PUBLICAÇÃO
SINDICATO NACIONAL DOS EDITORES DE LIVROS, RJ

A235L
2. ed.

Aguilar, Renata
O lúdico na escola / Renata Aguilar. - 4. ed. - São Paulo : EDICON, 2018.

144 p. : il. ; 21 cm.

Inclui bibliografia e índice

ISBN 9788529010373

1. Educação de crianças. 2. Jogos. 3. Brincadeiras. 4. Lazer. 5. Crianças - Desenvolvimento. I. Título.

16-33251 CDD: 372.2
CDU: 373.2/.3

1ª Reimpressão 2023

Contato com a autora:
professorarenata@terra.com.br

EDICON
Editora e Consultoria Ltda EPP
(11) 3255 1002 • 3255 9822
Rua Gama Cerqueira, 87 Cambuci
CEP 01539-010 São Paulo/SP
www.edicon.com.br

Dedico este livro a todos os professores, alunos e pais, com quem tive contato e fizeram-me aprender muito sobre o grande universo infantil. Em especial, aos meus pais e avós, que me mostraram o verdadeiro sentido de viver, a Isabela e Bianca, que me fazem acreditar cada dia mais como a vida pode ser uma eterna brincadeira.

Sumário

Gosto de professores que compreendam
quando eu não compreender.
E expliquem as coisas com clareza.
E reparem quando eu levantar a mão.
E escutem com atenção meus problemas.
E sorriam diante das minhas dificuldades.
E que nos incentivem durante os jogos.
E nos contem coisas interessantes
e nos deem coisas interessantes para fazer.

Pam Brown

Introdução

O mundo está evoluindo, novas tecnologias e avanços estão surgindo. Junto com a globalização, surgem nossas crianças cada vez mais envolvidas neste dia a dia extremamente tumultuado. Assim, pais e professores sentem–se confusos no que se refere à educação.

Infelizmente, alguns acreditam que a educação escolar inicia–se no Ensino Fundamental, especificamente no 1ª ano e que, na Educação Infantil, as crianças apenas "devam brincar".

Quando os pais procuram uma escola de Educação Infantil, é comum ouvirmos as seguintes frases.

"Ele convive muito com adultos, por este motivo quero colocá-lo na escola."

"Ele precisa aprender a repartir, é muito egoísta!"

"Preciso trabalhar! É melhor meu filho ficar na escola do que com os avós que fazem suas vontades."

Partindo desta linha de pensamento, os professores de Educação Infantil são confundidos com "cuidadores de crianças".

Atualmente, em algumas escolas, este conceito está começando a mudar, mas acredito que seja uma mudança a longo prazo.

O objetivo deste livro é auxiliar os professores de Educação Infantil no seu trabalho docente, que vai muito além de "cuidador", pois ele é sim um verdadeiro mestre, que educa, aprende e constrói o conhecimento em parceria com a criança. É também compreender um pouco mais sobre o grande universo infantil e que possa proporcionar a possibilidade de aulas mais prazerosas através da brincadeira e do lúdico.

Assim, espero ajudar os professores e pais a compreenderem um pouco mais sobre as crianças pequenas e proporcionar a possibilidade de aulas mais prazerosas através da reflexão sobre a aprendizagem.

Capítulo 1

Entendendo um pouco sobre as crianças

De 0 a 2 anos

De acordo com o psicólogo suiço Jean Piaget o período de 0 a 2 anos é nomeado como período sensório-motor.

Como completa o psiquiatra e, atualmente diretor do Instituto de Investigações Psicológicas da Venezuela, López (1993) - Piaget aborda, que poucos minutos após o nascimento, o bebê é capaz de mostrar a conduta de sucção quando lhe estimulam a boca e que o reflexo em si é uma situação organizada e diferenciada que funciona como uma totalidade. Para Piaget, a aprendizagem e as características inatas somente surgem após o nascimento.

Mas, é sabido, após muitas pesquisas, que a fase de gestação é muito importante. O feto é um organismo muito resistente e flexível, capaz de suportar limitados estresses físicos e emocionais, mas também, é muito sensível, onde oscilações de humor, nutrição e aspectos emocionais e sociais afetam diretamente o futuro bebê.

Ao que tudo indica, o bebê apresenta cargas genéticas recebidas de um ambiente externo e interno, que influenciarão significativamente seu desenvolvimento.

Logo após o nascimento, surge o reflexo de preensão, onde o bebê é capaz de segurar um objeto colocado na palma de sua mão e levar este objeto à boca (esquema de sucção).

Assim, o bebê não só percebe o objeto, mas também passa a interagir com o meio e experimentar as primeiras aprendizagens, que consistem nas adaptações que faz a novas condições de vida.

O período sensório-motor subdivide-se em etapas mencionadas na obra de Celso Antunes (1999).

Subestágio	**Faixa Etária**	**Estímulos e aprendizagem**
Reflexos	*Do nascimento até um mês*	*Exercitam reflexos inatos e ganham certo controle sobre os mesmos, mas não coordenam as informações e seus sentidos e não desenvolvem a percepção da permanência do objeto.*
Reações circulares primárias	*De um a quatro meses*	*Repetem comportamentos agradáveis que ocorrem ocasionalmente e começam a coordenar as informações sensoriais. É importante conversar com o bebê, valorizar seu balbucio e fazê-lo descobrir sua linguagem.*
Reações circulares secundárias	*De quatro a oito meses*	*Interessam-se pelo ambiente e repetem reações que levam a resultados interessantes. Mostram que dominam o conceito de permanência do objeto. É importante deixar a criança brincar com objetos de diferentes formas e reconhecer figuras.*
Coordenação de esquemas secundários	*De oito a doze meses*	*Podem prever eventos e o comportamento é mais deliberado e intencional à medida que coordenam esquemas aprendidos previamente.*

Reações circulares terciárias	*De doze a dezoito meses*	*Mostram curiosidade e variam propositadamente suas ações para perceberem os resultados. Exploram objetos, tentam novas atividades e usam a tentativa de erro para a solução de problemas. Devem começar a diferenciar sons e descobrir seus significados.*
Combinações mentais	*De dezoito a vinte e quatro meses*	*Como já desenvolvem um sistema de símbolos e usam a linguagem, não mais se restringem a tentativa e erro para resolver problemas. Começam a pensar em eventos e prever suas consequências* e já usam a linguagem para dizer o que querem ou não. É importante que descubram o sentido dos talheres e das gravuras.

(Fonte: Jogos para estimulação das múltiplas inteligências – Celso Antunes, 1999, página 25)

Um aspecto muito marcante nesta faixa etária é o da imitação. Através da imitação de outras crianças e dos adultos, inicialmente, os bebês e as crianças pequenas constroem novos comportamentos e desenvolvem-se através das brincadeiras. Nesta fase, a criança aprende com muita rapidez e passa a repetir ações com muita facilidade, mesmo que a imitação, ainda seja muito rudimentar, pois não apresenta limites e regras sociais que serão impostas no decorrer de seu desenvolvimento.

A linguagem é um exemplo disto. A criança passa a repetir sílabas que são associadas às palavras e posteriormente palavras que são associadas às frases. Um exemplo, é ao pedir água: no primeiro instante, aponta para o copo e reproduz sons do tipo *"aaa..." e* no momento mais elevado, pronuncia *"qué aga",* ao invés de "quero água", ou simplesmente diz a palavra *"água"* para atingir seu objetivo.

Neste momento, surge a função simbólica. Quando escondemos um objeto e a criança não consegue identificar onde ele se encontra, ou seja, só consegue falar do objeto na sua presença. Isto refere-se às questões de espaço e tempo.

Desta forma, quando a criança faz um desenho, ela não consegue prever o que vai desenhar. Após a conclusão do desenho é que vai conseguir nomeá-lo.

O educador Celso Antunes (1999), baseado nas fundamentações do psicólogo Howard Gardner, propõe algumas "dicas" de como estimular a criança nesta fase.

Como ajudar?
• Estar atento aos sinais, responder ao choro ou às solicitações de ajuda do bebê.
• Os bebês necessitam de objetos interessantes ao seu redor, com cores e formas estimulantes e um móbile pendurado sobre o berço desafia sua argúcia.
• Conversar com o bebê usando palavras curtas e sentenças simples, fazer perguntas e permitir que o bebê responda e repita através de seus balbucios.
• Ler para o bebê, com calma, usando muitas expressões, mesmo que ele não entenda as histórias.
• Colocar uma música e estimular os movimentos do corpo, dançando com o bebê.
• Ensinar o bebê a explorar o mundo, eles precisam de espaço e oportunidade para engatinhar e desenvolver noção de independência. Não deixar ao alcance do bebê objetos que quebrem, que podem ser derrubados e engolidos.

De 2 a 4 anos

Para Piaget, na medida em que as crianças podem se lembrar de objetos e de eventos, podem também formar conceitos e, portanto, desenvolver a aprendizagem significativa. Piaget nomeia essa fase de período pré–operatório.

Antunes (1999) complementa a ideia de Piaget declarando que:

> *"todo símbolo é uma representação mental à qual o indivíduo associou um significado e entre os muitos propostos, o mais importante parece ser a palavra, primeiro falada, depois escrita." (p. 28)*

O professor deve levar em consideração que a criança, nessa fase, possui algumas características pré-operacionais, mencionadas pelo educador Celso Antunes (1999):

Centralizadoras	Não pensam, simultaneamente, em diversos aspectos de uma mesma situação. Diferenciam precariamente a realidade e a fantasia.
Irreversíveis	*Revelam a incapacidade de perceber que uma ação ou uma operação pode tomar ambas as direções. Parece-lhes que a mesma quantidade de água contida em dois copos iguais não seja a mesma quando em dois copos diferentes.*
Anti-transformadoras	*Concentram-se na sucessão de diferentes quadros, mas não conseguem entender o estado e o significado da transformação de um para outro estado. Não conseguem pensar de maneira lógica e em seu diálogo misturam causa e efeito.*
Transdutivas	*Não associam fatos, mas refletem que se dois fatos ocorrem na mesma época sempre um causa o outro.*
Egocêntricas	*Incapacidade de ver as coisas do ponto de vista do outro. É a compreensão centrada em si próprio.*

Quando a criança é estimulada, supera as limitações piagetianas, criando sua própria linguagem e "inventando" substantivos e verbos que melhor expressam seu pensamento, como por exemplo: o diálogo entre um adulto e uma criança de 3 anos e 4 meses ao narrar fatos. Durante o questionamento abaixo, percebemos que a criança responde as perguntas com aspectos semelhantes, mas muitas vezes não está adequada à pergunta formulada. Observem:

A= adulto C= criança

— Quanto você pesa? (A)
— *6 quilos. (C)*

— Que horas são? (A)
— *6 e meia.(C)*

— Que dia é hoje? (A)
— *Dia de ir à praia.(C)*

— Que dia é o Natal? (A)
— *A minha mãe já montou a árvore de Natal.(C)*

— Quantos anos tem sua mãe? (A)
— *5 anos.(C)*

— E o seu pai? (A)
— *1 ano.(C)*

— Cadê a Lua? (A)
— *Ela foi embora.(C)*

— Pra onde? (A)
— *A Lua foi embora, porque ela foi dormir.(C)*

— E o Sol? (A)
— *Tá lá no céu.(C)*

— O que o Sol está fazendo? (A)
— *Ele está na casa dele.(C)*

De acordo com o Referencial Curricular Nacional para a Educação Infantil, a partir dos 3 anos, além da oralidade, a criança experimenta outras formas de expressão com maior intensidade. Vai formando outras representações, desenho, escrita, linguagem matemática, gestos, etc.

Quando perguntamos a uma criança algo que se refere a um dia qualquer, ela faz algumas alterações como: *"Amanhã, eu fui ao parque."* O mesmo ocorre às perguntas que contenham "quando?" Neste caso, respostas como *Terça-feira* indicam um dia qualquer.

Há, também, percepções de pequenas quantidades, tamanhos, lugares e localizações que indicam a busca da criança em construir significados, em aprender e compreender o mundo.

Nessa fase, ainda surgem os famosos "porquês". A criança não fica satisfeita com a resposta do adulto, questionando-o frequentemente "por quê?"

Veja um diálogo de uma criança de 3 anos com um adulto:

Quero ir ao parque. (c)

Está chovendo. (a)

Por que está chovendo? (c)

Porque fez muito calor e agora está chovendo para refrescar o dia. (a)

Por que fez muito calor? (c)

Este trecho, evidencia que a criança dificilmente fica satisfeita com as respostas, sempre querendo saber o porquê. Isto acontece devido a sua descoberta constante em compreender o mundo e as coisas que a cercam.

Essas vivências são de suma importância no desenvolvimento da criança. As crianças constroem suas próprias hipóteses diante da realidade e reformulam-nas sucessivamente, elaborando imagens e representações que não correspondem necessariamente ao real. Através de aproximações sucessivas com os diferentes conteúdos, sejam eles referentes a uma determinada atitude ou a uma determinada propriedade característica de uma classe de objetos ou seres, por exemplo, as crianças vão construindo questões e hipóteses, reorganizando seus conhecimentos prévios e modificando-os gradativamente.

De 5 a 6 anos

Nessa fase, a criança já possui algumas percepções desenvolvidas, consegue lembrar-se de fatos, lugares e pessoas secundárias; passa a ter suas preferências com amigos na sala de aula, mas não discrimina nenhum. São capazes de:

- respeitar regras, mudando-as e negociando-as de comum acordo com os colegas;
- resolver conflitos surgidos através do diálogo com os co-

legas ou pedir ajuda para o educador de forma a manter a continuidade da brincadeira;

- aceitar a liderança e ser líder quando necessário;
- agrupar-se em equipes criando um tema, uma brincadeira, comunicando-se e atribuindo significados diversos a ações e objetos;
- brincar de forma alternada com papéis que representem o bem e o mal, a força e a fraqueza, a coragem e a covardia, o homem e a mulher, a criança e o adulto;
- criar brincadeiras compostas de vários papéis complementares, assumidos durante o processo que se organizam e interagem em torno de um enredo comum, tal como: o circo, a casinha, uma viagem;
- conhecer e identificar manifestações corporais de seus próprios sentimentos e emoções, e dos sentimentos e emoções do outro;
- expressar sua motricidade utilizando-se de diversas técnicas e instrumentos;
- conhecer algumas práticas esportivas da nossa cultura, integrando suas habilidades motoras básicas nos jogos;
- resolver pequenas tarefas relacionadas ao cotidiano, sendo capaz de planejar, sequenciar sua própria ação, dispondo-se a buscar soluções para os problemas que surgirem;
- adquirir confiança em suas capacidades;
- cuidar, ainda sob orientação de um adulto, de sua higiene pessoal e de seu corpo;
- adotar procedimentos de cuidados com seus objetos de uso pessoal.

Capítulo 2

O processo lúdico na construção do conhecimento

Quando questiono alguns professores sobre como trabalhar com o lúdico na Educação Infantil percebo que há muitas controvérsias. Infelizmente, muitos educadores que atuam com crianças de 2 a 6 anos são recém-formados e estão lecionando pela primeira vez. Não estou criticando estes profissionais, ao contrário muitas dessas "meninas" estão iniciando a carreira docente e possuem um entusiasmo muito grande em querer acertar, sendo carinhosas ao extremo com as crianças. Mas, muitas vezes, acabam submetendo estas crianças a experiências inovadoras e não conseguem atingir os objetivos propostos. Se formos levantar a questão da má-formação dos educadores em escolas e universidades, daria para escrever outro livro.

Muitos educadores de Educação Infantil acreditam que o lúdico na construção do conhecimento refere-se apenas em levar as crianças ao parque ou a uma sala de brinquedos e deixá-las brincar livremente. Tudo deve ser dosado. Muitas escolas de Educação Infantil são abertas como microempresas e as crianças passam a ser clientes, ou melhor seus pais que deixam-nas por 4, 8 e até 12 horas, com o objetivo de que a escola cuide de seus filhos enquanto estão trabalhando.

É necessário, antes de mais nada, que o educador saiba o verdadeiro significado de ensino e aprendizagem.

Definir aprendizagem não parece ser fácil quando se questiona os professores sobre seu significado. Alguns definem que aprender significa conhecer coisas. Para outros, aprender significa modificar comportamentos e atitudes.

Sendo assim, a seguir são colocadas definições de alguns autores:

> *"É através do processo de aprendizagem que adquirimos conhecimento, mas conhecimento resultante do processo não se confunde com a aprendizagem... Aprendizagem significa mudança de comportamento resultante de prática ou experiência anterior..."(Lomônico,1984)*

Piletti(1989) cita alguns autores que definem aprendizagem:

> *"Aprendizagem é a progressiva mudança do comportamento que está ligada, de um lado, a sucessivas apresentações de uma situação e, de outro, a repetidos esforços dos indivíduos para enfrentá-la de maneira eficiente "(Mc Connell).*

> *"Normalmente, consideram-se como aprendidas as mudanças de comportamento relativamente permanentes, que não podem ser atribuídas à maturação, lesões ou alterações fisiológicas do organismo, mas que resultam da experiência "(Sawrey e Telford,in Piletti,1989).*

Das definições apresentadas, pode-se verificar semelhanças entre elas, nas quais a aprendizagem é resultante de experiências vividas que nos levam a mudanças de comportamento, assim como mudanças internas de atitudes.

Acredita–se que só pode haver aprendizagem quando esta torna-se significativa para o ser humano.

Imagine-se uma criança tentando andar de bicicleta. Ela cai inúmeras vezes, mas não desiste. Aprender andar de bicicleta passa a ser um desafio, assim como o fato de andar sozinha apresenta, também, um significado. Existe uma situação estimuladora: seja a bicicleta que acabou de ganhar ou o fato de os amigos já saberem andar sozinhos.

Após conseguir superar este desafio, ocorre uma mudança de comportamento nesta criança e logo ela procurará novos desafios e aprenderá novas situações, como andar de patins, por exemplo.

Mas o que é aprendizagem significativa? Talvez este seja o ponto em que quero chegar quando falamos de ensino e aprendizagem dentro da escola.

Moreira (1982) aborda que para Ausubel:

> *"aprendizagem significativa é um processo pelo qual uma nova informação se relaciona com um aspecto relevante da estrutura de conhecimento do indivíduo... A aprendizagem significativa processa-se quando o material novo, ideias e informações que apresentam uma estrutura lógica, interage com conceitos relevantes e inclusivos, claros e disponíveis na estrutura cognitiva, sendo por eles assimilados, contribuindo para sua diferenciação, elaboração e estabilidade."*

Abreu (1990) afirma que:

"toda aprendizagem, para que realmente aconteça, precisa ser significativa para o aprendiz, isto é, precisa envol-

vê-lo como pessoa, como um todo (ideias, sentimentos, cultura, sociedade)." (p. 9)

Tiba (1998) afirma que aprender é uma ação que envolve no mínimo duas pessoas: a que ensina e a que aprende.

Mizukami (1986) cita em sua obra o significado de ensino-aprendizagem para Paulo Freire, que diz:

"assumem um significado amplo, tal qual o que é dado à Educação...Educador e educando são, portanto, sujeitos de um processo em que crescem juntos, porque... ninguém educa ninguém, ninguém se educa, os homens se educam entre si, mediatizados pelo mundo." (p. 97 e 98)

Partindo do pressuposto dos conceitos de ensino e aprendizagem é necessário analisarmos como o processo lúdico pode favorecer na aprendizagem de uma criança.

Como já foi abordado anteriormente, a criança, na fase de 2 a 6 anos, aprende muito através da imitação, sendo que a televisão, celular, aparelhos eletrônicos e outros meios de comunicação exercem grande influência neste aprendizado. Muitas vezes negativamente.

O lúdico consiste em proporcionar uma aprendizagem prazerosa e significativa para a criança. É prejudicial às crianças, algumas escolas de Ensino Fundamental submeterem-nas a uma avaliação para que possam ingressar na 1ª /2º.ano, sendo que as escolas de Educação Infantil sentem-se na obrigação de alfabetizar e acabam priorizando a quantidade do conteúdo e não a qualidade do que está sendo transmitido ao aluno.

Tive contato com várias escolas de Educação Infantil e, em alguns casos, fui disfarçada de mãe questionando a respeito da matrícula. Através desses contatos percebi um grande depósito de crianças, onde o objetivo de muitas escolas é o de cuidador.

Vejam alguns aspectos observados em relação ao espaço físico da escola:

- são casas adaptadas;
- possuem escadas;
- dentro da mesma sala, existem crianças de diferentes faixas etárias;
- não possuem um local apropriado para o lazer.

De acordo com o Referencial Curricular Nacional:

> *"o espaço na instituição de Educação Infantil propicia à criança apropriar-se de seu meio físico e interagir com ele. Para tanto, é preciso que seja flexível e permeável à sua ação, sujeito às modificações propostas pela criança e pelos educadores em função das ações desenvolvidas. Deve ser pensado e rearranjado, considerando as diferentes necessidades de cada faixa etária, assim como os diferentes projetos e atividades que estão sendo desenvolvidos, os vários momentos do dia que demandam atividade corporal ou atividades que precisem mudar constantemente o espaço. Na área externa, há que se criar espaços lúdicos que sejam alternativos e permitam que as crianças corram, balancem, subam, desçam e escalem ambientes diferenciados, pendurem-se, escorreguem, rolem, joguem bola, brinquem com água e areia, escondamse, etc. Enfim, dependendo como os espaços forem*

oferecidos para as crianças, elas podem enriquecer seu repertório corporal e lúdico."

Como estávamos relatando, a realidade não corresponde aos aspectos acima. É sabido que a estruturação do espaço, a forma como os materiais estão organizados, a qualidade e a adequação dos mesmos são elementos essenciais de um projeto educativo. O professor Haetinger (p. 20,1998) define aprendizagem como vivência.

E, por que os professores ainda sobrecarregam os alunos com uma quantidade enorme de conteúdos e conceitos e preenchimento de apostilas, cadernos e livros?

Isto acontece muitas vezes pela cobrança dos pais: *"Escola boa é aquela que dá muito conteúdo".* E também por falta de experiência dos educadores em criar diferentes formas de aplicar o conhecimento.

É neste ponto que a ludicidade integra a escola de forma que o aluno possa adquirir o conhecimento de forma mais criativa e motivadora.

Atualmente, as crianças são inseridas cada vez mais cedo num contexto cultural repleto de informação, violência e consumismo. Assim, estas mesmas crianças ingressam na escola e passam a lidar com os mesmos aspectos sociais mencionados.

O modo mais motivador e atraente é aquele que o professor oferece aos alunos uma vivência diferente com experiências lúdicas.

Uma pesquisa da Universidade de Ulster, na Irlanda do Norte, feita com 500 adultos, constatou que os adultos mais saudáveis e com um estilo de vida mais ativo tiveram uma infância cheia de brincadeiras.

Numa sociedade onde as crianças perderam os parques ao ar livre, vivem dentro de apartamentos, brincar na escola pode favorecer o desenvolvimento criativo e uma socialização com os colegas através de resgate de valores, como solidariedade, trabalho em equipe, valorização do esforço além do conhecimento adquirido com os conteúdos curriculares. É transformar as aulas teóricas em aulas lúdicas, alegres e motivadoras.

Capítulo 3

A brincadeira

A brincadeira está envolvida na vida da criança desde os primeiros meses. Percebemos isso ao observar a criança brincando com suas próprias mãos, ou quando um adulto brinca de "esconder" objetos, rostos, e a criança procura como se realmente o objeto tivesse sumido.

No decorrer da vida, a criança vai tendo contato com objetos, muitas vezes, simples, que fazem parte de suas brincadeiras, como o bater em uma panela fazendo barulho ou até mesmo, empilhando caixas e em seguida derrubando-as.

Todo este processo contribui para a construção de sistemas internos e para a comunicação com o mundo externo. É muito interessante observarmos as crianças brincando sem a intervenção de um adulto. Elas determinam regras, papéis, elaboram e reproduzem situações vivenciadas pelos adultos com quem convivem.

Qual o verdadeiro significado da palavra brincar?

Segundo o conceito dado no dicionário da Língua Portuguesa, brincar significa "divertir-se, distrair-se, dizer algo engraçado."

As crianças riem e alegram-se por coisas simples, como o simples fato de um colega fazer barulho em uma mesa, como presenciei este fato em uma escola. Vocês podem pensar que esta brincadeira não possui nenhuma graça. Mas, acreditem, essas crianças riam tão gostoso que até um adulto começaria a rir sem saber o motivo.

Através desse fato, percebi ainda mais a necessidade da brincadeira na vida da criança. Já dizia uma música de um grupo de pagode, Molejo:

"Brincadeira de criança, como é bom, como é bom...
Guardo ainda na lembrança...
Traz amor e esperança..."

O brincar é concebido como preparação para a escolaridade futura das crianças através da sua transformação em atividades.

Partindo desse pressuposto, o educador deve integrar o conteúdo com o lúdico, ou melhor ensinar e aprender torna-se prazeroso.

Um outro aspecto, que acontece nessa fase, é o surgimento do amigo imaginário que acompanha a criança.

Muitos pais me procuram com a queixa de que "algo estranho" está acontecendo com o filho, alguns dizem que são anjos, outros espíritos, entre outras alternativas. Não cabe a nós discutirmos religião ou crenças. Mas, a existência deste amigo imaginário é muito importante na vida da criança. Esse amigo imaginário auxilia a construção de uma linguagem simbólica, o companherismo e a quebra do egocentrismo, pois passa a ter uma divisão de objetos com o tal amigo.

"A imaginação da criança é muito fértil", já diziam nossos pais e avós. Para um solo ser fértil é necessário alguns cuidados e muita dedicação. Assim, como a criança não é um ser acabado, precisa de estímulos na medida certa.

Para Vygotsky (1984), a criança ao brincar, é capaz de fazer mais do que ela pode compreender e justamente esta ação permite que a criança possa compreender o que move a ação.

> *"As crianças, ao brincar de comer, realizam em suas mãos, ações semiconscientes do comer real, sendo impossíveis todas as ações que não representem o comer(...).Uma criança não se comporta de forma puramente simbólica no brinquedo, ao invés disso ela quer e realiza seus desejos, permitindo que as categorias básicas da realidade passem através de sua experiência." (p. 80)*

É através da brincadeira que a criança passa a se inserir na sociedade, aprende a compartilhar, tolerar, compreender e se comportar diante dos outros. Se integrarmos a brincadeira com a rotina escolar, proporcionaremos novas experiências, aumentando suas potencialidades, formando conexões neurais que serão importantes para o seu desenvolvimento mental e corporal no futuro.

Capítulo 4

O papel do professor

O professor de Educação Infantil, como já foi mencionado anteriormente, muitas vezes é confundido como cuidador de crianças. Se analisarmos os professores de Educação Infantil, a grande maioria são mulheres que demonstram atitudes de "crianças grandes".

"Há um menino
Há um moleque
Morando sempre no meu coração
Toda vez que o adulto balança
Ele vem me dar a mão"

Milton Nascimento

Se observarmos as condutas de algumas professoras de Educação Infantil, que se identificam com a profissão, perceberemos o lúdico presente em todos os momentos.

Questionei alguns profissionais da área sobre as características de um professor de Educação Infantil. Hoje, no Brasil, hierarquicamente, os professores são respeitados de acordo com o grau em que lecionam. Professores Universitários são mais valorizados financeira e socialmente do que o professor de Ensino Fundamental ou Infantil.

Em alguns países, o professor de Educação Infantil é o mais remunerado da categoria, pois trabalhar conscientemente com os pequenos, não é tarefa fácil.

Vejamos as características citadas:

- ser carinhosa;
- ter paciência;
- saber cantar, pular e representar;
- gostar do que faz;
- gostar de crianças.

Qualquer pessoa que possua estes requisitos é capaz de lecionar? Um professor de Educação Infantil tem que possuir um diferencial, é necessário aplicar sua teoria de forma lúdica e proporcionar aos alunos uma aula mais significativa e prazerosa.

Para Angotti (in Oliveira, 1995)

> *"o professor precisa avivar em si mesmo o compromisso de uma constante busca do conhecimento como alimento para o seu crescimento pessoal e profissional. Isto poderá gerar-lhe segurança e confiabilidade na realização do seu trabalho docente. Esta busca poderá instrumentalizá-lo para assumir seus créditos, seus ideais, suas verdades, contribuindo para referendar um corpo teórico que dê sustentação para a realização de seu fazer."(p. 64)*

As escolas de Educação Infantil tornaram–se empresas e o trabalho do professor fica submetido a uma avaliação dos pais, como:

- **PADRÃO DE BELEZA:** os desenhos devem ser bem pintados, com as cores referentes a um padrão de beleza pré-determinado pelo adulto. Um dia presenciei uma criança pintando as mãos de uma figura humana de azul. Nesse momento, a professora retira o lápis da mão da criança e a questiona: *"Não existe ninguém com as* *mãos azuis, use o amarelo ou o bege."* A criança retorna à professora: *"Tia, meu menino está de luvas!"* Pobre professora! A criança passa a ser exigida e pressionada por algo que, muitas vezes, é desnecessário. O professor deve ser um orientador desse trabalho de pintura.

- *EXERCÍCIOS DE COORDENAÇÃO MOTORA*: o trabalho de coordenação motora inicia-se primeiramente, no aspecto global e corporal. Depois de atingir esta etapa, a criança, deve ser estimulada para o trabalho de coordenação motora fina. Percebi que em algumas escolas são infindáveis o número de exercícios de coordenação motora fina no caderno, traços de todos os lados (direita/esquerda/vertical/horizontal) e de todas as formas. O exercício repetido e mecânico de traços não favorece a aprendizagem.
- *CONCEITOS INCOERENTES:* carimbos ou conceitos "Parabéns" "Mamãe, veja como meu trabalho ficou legal" ou "Você vai melhorar". Estes conceitos possuem significado para os pais e professores e não para a criança.
- *DATAS COMEMORATIVAS*: é um abuso infantil, escolas estarem passando conceitos e datas históricas, desvinculadas da realidade da criança.

  Exemplo: "Hoje é o dia de Tiradentes."

  Como uma criança de 5 anos consegue ter maturidade para entender o fato em si?
- *FESTAS COMEMORATIVAS:* tive a oportunidade de acompanhar um cronograma de uma escola de São Paulo. Acreditem, a escola preparava festas para inúmeras datas, algumas até desconhecidas para a maioria da po-

pulação e, para cada festa, o professor deveria ensaiar uma dança, uma dramatização ou uma música para ser apresentada aos pais. Pobres crianças!

Todos esses aspectos fazem parte do universo infantil, mas nada disso terá valor para a criança se a aprendizagem não for significativa. É necessário trabalhar cada aspecto de forma globalizada, pois a criança não é dividida em compartimentos. Ela é um ser global e faz parte de uma realidade globalizada.

É utopia acreditar que podemos fornecer um universo fragmentado, onde futuramente o aluno deverá abrir departamentos para obter informações.

Lembro-me de um professor de História que dizia: *"Quem quiser saber datas históricas deve consultar uma enciclopédia."*

A criança, antes de ingressar na escola, já possui inúmeros conhecimentos que devem ser aproveitados. Ela não chega à escola sem nenhum conhecimento, apenas para ser preenchido pelo professor; possui experiências, emoções, condições ambientais que fazem parte de seu dia a dia.

É nesse momento, que o professor deve construir o conhecimento junto com a criança, proporcionando estímulos adequados para seu desenvolvimento.

Outro fator essencial para uma aprendizagem efetiva com crianças pequenas, é que o professor organize suas aulas e a rotina escolar.

Quando preparamos a aula, os objetivos a serem alcançados através de uma sequência didática bem estruturada, as chances de dar errado são mínimas. Educar é estudar, planejar e, depois avaliar como as crianças reagiram as atividades propostas, o que aprenderam e as mudanças necessárias para aprimorar a prática pedagógica.

Precisamos parar de produzir papéis para as crianças preencherem sem significado, precisamos repensar as aulas, conhecer as características de cada faixa etária para, assim, contribuir nessa evolução.

Até quando os professores darão prioridades para datas comemorativas sem significado, atividades que mais parecem animação de festa infantil ou fotos para exposição nas redes virtuais?

Kosinski (1998) declara que o professor deve ter autocrítica. E para saber reconhecer o verdadeiro papel do professor é preciso:

- conhecimento da realidade socioeconômica do aluno, dos espaços que ele utiliza fora da escola, das pessoas que fazem parte do seu cotidiano e do seu relacionamento com elas;
- domínio dos conteúdos para fazer perguntas que levem a criança a pensar;
- conhecimentos básicos de psicologia infantil necessários à avaliação das respostas verbais e não verbais dos alunos e à criação de um ambiente favorável ao desenvolvimento e à aprendizagem. O professor deve possuir o hábito de pesquisar e observar atentamente os alunos, registrando e comparando dados obtidos;
- exercício de criatividade à procura de alternativas que melhor atendam às necessidades de seus alunos;
- análise e crítica de soluções propostas por coordenadores, diretores e supervisores.

O papel do professor de Educação Infantil é ao mesmo tempo tarefa importante e difícil, pois esse educador lida com a criança em processo inicial de desenvolvimento, em uma etapa básica de formação de sua personalidade.

A experiência de muitos educadores permite selecionar algumas recomendações que possam favorecer o processo de aprendizagem das crianças. O professor poderá, claro, enriquecer as sugestões oferecidas a partir da consideração de sua realidade e da utilização de sua criatividade. Assim, acredita–se que o professor poderá ter ação mais favorável no processo educativo, se:

1 - organizar as atividades, partindo do concreto para o abstrato, do próximo para o distante, do simples para o complexo;

2 - alternar atividades calmas com atividades mais movimentadas;

3 - utilizar situações da vida diária das crianças para exemplificar. Lembrar-se de que o ensino ocorre de modo informal, de maneira que convém procurar aproveitar situações trazidas pela curiosidade e interesse da criança, em lugar de utilizar apenas as situações previstas pelo educador;

4 - "dar um clima" lúdico aos conteúdos pedagógicos através de jogos que estimulem a espontaneidade e a descontração da criança;

5 - considerar que as crianças apresentarão diferenças quanto a ritmo de aprendizagem, grau de atenção e motivação, maior ou menor facilidade em cada área;

6 - compreender que a motivação provocará na criança o esforço necessário à realização das tarefas e que, para motivar, será preciso uma certa dose de novidade e desafio;

7 - estimular a comunicação verbal livre, pois a habilidade para falar é fundamental para o desenvolvimento da capacidade de raciocinar;

8 - facilitar o desenvolvimento de uma auto–imagem positiva na criança, já que a maneira como ela se sente influirá sobre sua capacidade de aprender. Para que isso ocorra, convém:

- criar um clima descontraído em sala de aula, de forma que a criança sinta-se segura e capaz de aprender, sem medo de errar; permitir que a criança possa errar e persistir na atividade para vir a acertar;
- certificar-se de que os alunos aprenderam e de que sabem que aprenderam;
- procurar elogiar os pequenos progressos que a criança venha a alcançar, não estabelecendo padrões elevados que ela não consiga atingir.

9 - estimular hábitos de higiene corporal e ambiental, boa postura, boas maneiras e atitudes consideradas como favoráveis em sala de aula, tais como: tomada de decisão, cooperação, respeito aos outros e aos objetos, persistência diante das dificuldades, assiduidade, pontualidade, autonomia, expressão de sentimentos e ideias.

Todo educador deve avaliar seu próprio desempenho e, que sem medo de perceber seus limites e falhas, possa refletir sobre seu posicionamento em relação aos colegas de trabalho e à escola como um todo.

Aprecio muito o pensamento de Kosinski (1998) que diz:

"o fundamental é trabalhar com alegria. Essa é uma aventura deliciosa que faz de alguém não apenas um professor melhor, mas também uma pessoa melhor. Afinal, ninguém é feito de compartimentos estanques. O professor que, na sala de aula, faz as crianças se sentirem bem e, na sala de professores, tem sempre algo interessante a dizer, provavelmente é alguém com quem sempre se tem prazer em bater um papo." (p. 31)

Concluirei este capítulo com um resumo do texto original de Vygotsky (in Rego, 1994), pois considero suas ideias fundamentais para a formação de um educador.

"O que a criança pode fazer hoje com o auxílio dos adultos poderá fazê-lo amanhã por si só. A área de desenvolvimento potencial permite- nos, pois, determinar os futuros passos da criança e a dinâmica do seu desenvolvimento e examinar não só o que o desenvolvimento já produziu, mas também o que produzirá no processo de maturação. (...) Portanto, o estado do desenvolvimento mental da criança só pode ser determinado referindo-se pelo menos a dois níveis: o nível de desenvolvimento efetivo e área de desenvolvimento potencial.

Esse fato que em si pode parecer pouco significativo, tem na realidade enorme importância e põe em dúvida todas as teorias sobre a relação entre processos de aprendizagem e desenvolvimento na criança. Em especial, altera a tradicional concepção da orientação pedagógica desejável, uma vez diagnosticado o desenvolvimento. (...)A aprendizagem não é, em si mesma, desenvolvimento, mas uma correta organização da aprendizagem da criança. Conduz ao desenvolvimento mental, ativa todo um grupo de processos de desenvolvimento, e esta ativação não poderia produzir-se sem a aprendizagem. Por isso, a aprendizagem é um momento intrinsecamente necessário e universal para que se desenvolvam na criança essas características humanas não-naturais, mas formadas historicamente." (p. 126-130)

Capítulo 5

O papel dos pais na ludicidade infantil

No capítulo anterior analisamos a importância dos professores no desenvolvimento infantil e como a ludicidade pode facilitar a aprendizagem. Será que os pais também podem transformar o dia a dia e a rotina familiar num ambiente propício às brincadeiras?

Os pais exercem um fator fundamental no processo de desenvolvimento da criança, principalmente nas crianças pequenas.

Tiba (1995), declara que:

> *"as expectativas que os pais têm em relação ao filho são um gesto de amor e proteção familiar. Todo pai que é pai de verdade e toda mãe que é mãe mesmo não conseguem ficar indiferentes ao nascimento de um filho. É atávico no ser humano desejar coisas boas para um descendente; querer que ele nasça perfeito, bonito e saudável. E, de preferência, com o passar dos anos, torne-se bem sucedido, se possível rico e, melhor ainda, famoso. O sonho dos pais é que seus filhos sejam pessoas felizes e realizadas. Para que alcancem esse objetivo, oferecendo a eles o que conseguiram de melhor em suas próprias vidas e procuram evitar toda dor e todo sofrimento. No entanto, como pais, é transmitido aos filhos não só facilidades, mas também sobrecargas." (p. 15)*

Quando os pais deparam-se com algum problema em relação aos filhos, passam a se culpar e questionar onde eles erraram.

A expectativa que os pais possuem em relação à criança passa a gerar ansiedades e cobranças. Dessa forma, os pais querem proporcionar o melhor para seus filhos, mesmo quando o aspecto econômico é debilitado.

Existe uma grande diferença entre pais de crianças na Educação Infantil e pais de crianças no Ensino Fundamental. Mas, as pessoas podem questionar o motivo.

Os pais, quando colocam seu filho pela primeira vez em uma escola, questionam e verificam tudo. Querem saber aspectos de higiene e alimentação. Muitos saem do colégio sem questionar o fator aprendizagem.

Conversando com uma mãe de uma criança de 3 anos que procurava uma escola, questionei-a sobre o que ela esperava da escola. Surpreendi-me com a resposta:

> *"Meu filho tem muito tempo para aprender, quero apenas saber se ele está se alimentando e se a professora tem atenção com ele."*

Afirmei novamente sobre o valor da aprendizagem, quais atributos e qual a filosofia da escola, mas infelizmente a mãe não sabia me relatar, porém quero deixar claro que esta realidade possui exceções. Nas classes econômicas mais baixas, o problema é outro, pois os pais possuem muita dificuldade para ingressar seus filhos na escola pública. Através deste exemplo, percebo que realmente, como já havia mencionado, os pais acreditam que a escolaridade do filho inicia-se na 1ª ano do Ensino Fundamental, mas se esquecem dos 3 ou 4 anos que a criança passou anteriormente na escola.

É nesse momento que cabe à instituição escolar orientar e levar os pais à reflexão da sua importância. Assim, os pais poderão auxiliar o desenvolvimento de seu filho.

No meu ponto de vista, a idade mais importante e fundamental para todo o desenvolvimento futuro da criança é de zero a seis anos.

Mas, como os pais podem auxiliar neste processo? Vejam algumas orientações:

1º) o primeiro aspecto que deve ser estimulado e o mais importante é a linguagem. Enquanto a mãe dá banho e comida, ela deve conversar com a criança desde suas partes do corpo, massageando-as, conversando sobre suas qualidades, seu crescimento, entre outros. Os pais jamais devem utilizar-se da linguagem "tatibitate", ou seja, a criança fala errado e os pais repetem como um gesto de incentivo. Isto não quer dizer que o pai deve repreendê-la, fazendo-a repetir várias vezes a mesma palavra. Os pais devem apenas repetir suavemente a palavra correta dentro de uma frase. Exemplo: A criança pede água, faz um gesto apontando e dizendo "ága"; os pais complementam: "Você quer água?"

Desta forma, o processo de estimulação de linguagem flui de forma tranquila e sem cobranças.

Outro aspecto importante dentro da estimulação da linguagem é o ato de contar histórias. A criança aprecia muito o contato com livros e com as gravuras ilustrativas. Observa-se um grande interesse da criança por histórias. (veja sugestões no capítulo 7) Por fim, os pais devem conversar com a criança constantemente, explorando e questionando suas atitudes, brincadeiras e até mesmo estimulando a narração de fatos cotidianos.

2º) outro aspecto fundamental é o contato físico: o abraço, o carinho e o toque. A criança necessita desse contato. É sabido por todos que, muitas vezes, o olhar vale mais do que a palavra. Nessa fase, a criança comunica-se mais por gestos e atitudes.

Assim, os pais acabam decepcionando-se quando seu filho morde, puxa cabelo ou joga objetos em outras crianças. Isto acontece, porque a criança apresenta sentimentos de frustração, raiva e reage com atitudes.

Os primeiros dias de uma criança na escola podem ser decepcionante, devido às reações que a criança apresenta. O pai pode ficar frustrado se souber que seu filho mordeu um amiguinho ou até mesmo indignado se o filho for mordido.

A reação de morder, chorar, puxar o cabelo, entre outras, na verdade, é uma reação a um ambiente desconhecido, cercado de pessoas também desconhecidas. Portanto, nessa fase, é necessário que os pais incentivem a criança mostrando a escola como um lugar seguro e positivo, para que não se sinta abandonada por eles. Mas, os pais também devem confiar na escola selecionada por eles.

Atualmente, muitos pais compensam sua ausência com os filhos comprando bens materiais acreditando que é estarão mais presentes ou próximos do filho.

A afetividade não está presente no dia a dia familiar. Os pais, não sabem brincar com seus filhos, não contam mais histórias sobre seus avós, sobre a história da família, aquela conversa informal não existe mais.

O dia a dia da criança tornou-se repleto de compromissos, aulas de natação, ballet, inglês... E, quando muito encontram seus pais, apenas a noite, exaustos e nervosos com o mundo moderno. Vivemos numa sociedade egoísta onde os valores humanos deixaram de existir.

Assim, a criança ao chegar à escola acredita que o mais importante é ter tudo exclusivamente para ela, surgindo muitas vezes a agressividade entre os colegas.

Vemos crianças pequenas batendo, gritando, chutando quando seus desejos não são satisfeitos. A ludicidade estreita vínculos na escola e na família, favorecendo um resgate de valores e autonomia.

Quando os pais brincam com seus filhos das brincadeiras mais simples podem proporcionar aos filhos momentos inesquecíveis. Não é necessário brinquedos eletrônicos ou caros.

A escola pode auxiliar os pais neste processo, proporcionando reuniões que abordem o assunto através de palestras com especialistas e sugerindo brincadeiras interativas até em datas festivas.

Muitas escolas estão substituindo o Dia das Mães/ Dia dos Pais por "festas e encontros de família".

Como a escola e a família podem se unir na construção da ludicidade no desenvolvimento infantil? Vejamos algumas dicas:

- reuniões com os pais para uma reflexão sobre o desenvolvimento infantil;
- sugerir aos pais que participem mais do dia a dia escolar;
- proporcionar vivências lúdicas que envolvam brincadeiras, músicas e atividades corporais;
- enviar periodicamente textos reflexivos;
- orientar quanto às regras e condutas internas da escola;

- estabelecer momentos de integração entre a escola e a família;
- propor palestras com especialistas e debates sobre assuntos da aprendizagem e de comportamento infantil.

Com a participação mais efetiva dos pais na vida escolar do filho aumentará o desempenho escolar que se estende para a vida familiar, e vice-versa. Quando os pais passam a ter mais diálogo com o filho e passam a brincar com ele em atividades do dia a dia uma mudança positiva passa a acontecer significativamente.

É imprescindível que esta mudança aconteça na família, não se pode deixar toda a responsabilidade de educar nas mãos dos professores, coordenadores ou diretores.

A escola sozinha não consegue exercer a tarefa de educar através da ludicidade sem um compromisso efetivo dos pais. Cada dia mais os professores procuram novas estratégias de ensino favorecendo do desenvolvimento integral do aluno e é preciso desmitificar que a brincadeira não traz aprendizagem, que a escola que proporciona brincadeiras contextualizadas com o conteúdo programático não é adequada. Até quando, nós professores teremos que provar que a brincadeira e caminham juntas e, que as crianças pequenas serão as mais beneficiadas neste processo de ensino e aprendizagem.

A presença dos pais deve ser efetiva através de comprometimento, envolvimento e colaboração.

Quando os pais brincam com seus filhos novas descobertas acontecem, é importante que os pais reaprendam a brincar e estimular a criatividade. Isto é possível sim!

Brincar com os filhos quando os pais chegam cansados do trabalho é complexo, mas basta alguns minutos por dia para fazer disto uma rotina prazerosa.

A fase da infância dura pouco e logo, as crianças crescem e trocam a companhia dos pais pela dos amigos. Fantasiar, cantar, dançar, contar e ouvir histórias, fazer de conta com objetos transformando-os em personagens, fazer modelagem com farinha, preparar sanduíches e até organizar uma festa para as bonecas podem e devem fazer parte do contexto familiar.

Outra atividade bem prazerosa e repleta de aprendizagem é o montar quebra-cabeças. Uma dica: os pais podem criar com seus filhos um quebra-cabeça personalizado com fotos da família ou figuras de revistas.

Uma caixa de areia, tintas e pincéis desenvolvem e estimulam a criatividade, proporcionam uma tranquilidade e uma paz interior capaz de transformar atitudes agressivas das crianças.

Portanto, é importante brincar sozinho, com os pais, com os amigos, com os avós, com irmãos, com livros, com panelas, com caixas, com papéis... Se brincar é aprender, por que não aprender brincando?

Capítulo 6

Interdisciplinaridade na Educação Infantil

Através dos capítulos anteriores refletimos sobre o quanto a brincadeira pode ajudar no desenvolvimento emocional e intelectual da criança. Neste último faremos novas abordagens da brincadeira no dia a dia escolar, pois os educadores ainda tem que dar conta do brincar e dos conteúdos curriculares estabelecidos pela escola.

Estabelecer uma relação entre o lúdico e os conteúdos curriculares não é tarefa fácil, mas é possível sim, para isto daremos algumas sugestões sobre esta aproximação: brincadeira e conteúdos.

O Referencial Curricular da Educação Infantil, sugere "as novas funções para educação infantil devem estar associadas a padrões de qualidade. Essa qualidade advém de concepções de desenvolvimento que consideram as crianças nos seus contextos sociais, ambientais, culturais e, mais concretamente, nas interações e práticas sociais que lhes fornecem elementos relacionados às mais diversas linguagens e ao contato com os mais variados conhecimentos para a construção de uma identidade autônoma." (volume 1 p. 23)

Os conteúdos selecionados devem ser aplicados a partir da realidade da criança. A partir dos 3 anos, a criança reconhece seu próprio corpo, seu nome e suas características, além de conseguir estabelecer relações com o outro, do tipo: "Meu cabelo é curto. Seu cabelo é comprido."

A criança possui um interesse muito grande em aprender a escrever seu nome e o valor que o nome tem para ela é fator imprescindível para darmos início ao trabalho de escrita com a criança, incluindo-a no mundo das palavras. Mas, é necessário que o educador conheça as características de cada faixa etária antes de iniciar seu planejamento e selecionar as atividades pertinentes a cada turma.

Cada criança tem seu desenvolvimento e, muitas vezes não é possível compará-las entre si, mas é importante que o educador saiba o que é esperado para cada faixa etária para assim, distinguir se a criança encontra-se em desenvolvimento ou está aquém do esperado.

Veja o esquema de desenvolvimento, segundo Gesell, Picq e Vayer, Savastano, Piaget e Holle nas páginas a seguir.

Fonte: Prática Psicomotora na Pré-Escola, Editora Ática)

Idade	Características físicas e cognitivas	Comunicação e expressão	Percepção	Coordenação global, equilíbrio e conhecimento corporal
2 anos	• Apresenta alguma noção de quantidade e começa a enumerar; • lembra o lugar onde deixou certos brinquedos e objetos; • mantém atenção concentrada por aproximada--mente 5 minutos; • pesa de dez a treze quilos • necessita de, em média, treze horas de sono à noite e repouso à tarde; • a bexiga tem capacidade para conter mais urina, mas o desenvolvi-mento neuromuscular ainda é insuficiente para que consiga um controle esfincteriano perfeito.	• Usa frequentemen--te a palavra não; • atende pelo próprio nome; • sua linguagem torna-se útil; • começa a construir frases curtas e simples; • descreve objetos em termos de suas funções.	• Tem preferência por cores; • nomeia objetos, reconhece figuras; • percebe-se em fotos e espelho; • explora o mundo pelos sentidos; • distingue o preto do branco; • classifica algumas figuras geométricas em termos de forma.	• Coloca-se em posição bípede e anda; • corre com dificuldade, embora não caia muito; • sobe escadas , a cada movimento apoiando os dois pés em cada degrau; • desenha garatujas; • salta desajeita-da-mente; • mantém-se de pé e imóvel sobre um banco, com os pés juntos, durante dez segundos.

	Coordenação fina	Orientação temporal	Orientação espacial	Características sócio-afetivas
	• Começa a comer sozinha; usa colher, xícara ou copo sem derramar muito; • copia linhas nos sentidos vertical e horizontal; • tira os próprio sapatos, constrói torre de cubos; • aponta objetos com o indicador e transporta coisas; • apresenta dificuldade para dobrar e pintar; • apresenta preensão fina dos dedos para: segurar objetos, colocar objetos um ao lado do outro, folhear.	• Tem noção do agora; • compreende sequências simples, sem referência ao passado.	• É capaz de grandes explorações do espaço; • apresenta noções de localização:em cima/ embaixo,dentro/ fora; • compreende as expressões aqui e lá; • com demonstração,encaixa formas nos respectivos lugares	• Chama-se pelo seu próprio nome; • distingue meninos e meninas; • a afetividade é viva e explosiva; • manifesta emoções sem controle; • a sociabilidade é pouco diferenciada, com atividade lúdica solitária. Ainda não divide brinquedos; • conhece a diferença entre eu e você, mas não entende o que seja o nós; • mantém distância de estranhos; • mostra dificuldade para fazer escolhas e manifesta ansiedade quando fracassa; • faz as coisas a seu modo e irrita-se se alguém interfere; • gosta de controlar os outros e dar ordens; • mostra algumas tendências agressivas: morde, bate, belisca; • é teimosa e negativista.

Idade	Características físicas e cognitivas	Comunicação e expressão	Percepção	Coordenação global, equilíbrio e conhecimento corporal	
3 anos	• Pesa de treze a dezesseis quilos; • necessita de repouso após o almoço; • concentra a atenção por aproximada-mente dez minutos.	• Entra na fase dos "porquês;" • é muito curiosa; • sabe sua idade; • não discrimina realidade e fantasia; • fala consigo mesma e com pessoas imaginárias; • forma frases completas; • nomeia o que constrói; • sabe dizer seu nome e sobrenome; • pode passar por fase de gagueira.	• Reconhece as cores primárias ; • observa detalhes e começa a identificar, classificar e comparar; • aumenta o interesse em ouvir; • discrimina quente/frio.	• Apresenta postura automatizada e melhor equilíbrio; • pode correr , saltar, pular e subir escadas (com um pé em cada degrau); • reconhece as diferentes partes do corpo e sabe nomeá-las; • coloca o sapato correspon-den-te a cada pé; • sabe se é menino ou menina; • tenta desenhar uma pessoa; • salta com os pés juntos sobre uma corda estendida no solo.	

	Coordenação fina	Orientação temporal	Orientação espacial	Características sócio-afetivas
	• Pode guardar suas próprias roupas,vestir-se e desamarrar cordões, embora não dê laços, abotoa botões grande e consegue escovar os dentes com auxílio; • realiza construções ordenadas e equilibradas; • usa corretamente a colher e o garfo; • utiliza a tesoura e manipula massa de modelar; • pode copiar um círculo, uma cruz e dobrar papel na horizontal e na vertical.	• Vocabulário ainda muito restrito para discriminar o tempo.	• Reconhece a ordem dos objetos familiares; • percebe o espaço onde se dá a ação; • tem noção de casa e de suas partes; • orienta-se em itinerários simples.	• Trata-se por "eu" e fala de "meu" (noção de posse); • percebe os outros e a diferença entre "eu"e "nós"; • interessa-se pelas diferenças fisiológicas entre os sexos; • imita, principalmente os adultos; • é capaz de dramatizar; • consegue esperar sua vez nos jogos; • Apresenta expressão emocional variável: ora tímida, ora extrovertida. • passa pela fase da birra, dos gritos; • mostra mais conformismo com a rotina; • é ainda ritualista.

Idade	Características físicas e cognitivas	Comunicação e expressão	Percepção	Coordenação global, equilíbrio e conhecimento corporal	
4 anos	• Pesa de 16 a 18 quilos; • recorda-se de objetos , mesmo na ausência destes; • necessita de algum repouso durante o dia; • concentra a atenção por períodos de aproximadamente quinze a vinte minutos.	• Aumenta rapidamente seu vocabulário; • não pára de fazer perguntas; • fala sozinha; • tem imaginação fértil; • apresenta curiosidade aumentada , quer saber "como", "por quê"; • sabe dizer seu nome , sobrenome e idade quando lhe perguntam; • canta bem pequenas canções • gosta de palavras sem sentido, inclusive palavrões.	• Reconhece cores e tonalidades, tamanhos e formas geométricas; • reconhece objetos pelo tato, mesmo sem vê-los.	• Apresenta integração do automatismo postural; • pode andar de bicicleta , jogar bola, aprender a nadar; • fica de pé sobre uma perna só, salta para a frente com os pés juntos, dá saltos no mesmo lugar, caminha na ponta dos pés; • reconhece as diversas partes do corpo e interessa-se pelas roupas e gestos dos adultos; • demonstra curiosidade pelos órgãos genitais, pelo nascimento dos bebês e pelas diferenças sexuais.	

	Coordenação fina	Orientação temporal	Orientação espacial	Características sócio- afetivas
	• Realiza construções mais difíceis e combina construções; • veste-se e abotoa suas roupas, distingue frente/ atrás , lava suas mãos e pode tomar banho sozinha; • consegue enfiar fio grosso em agulha para bordar; • desenha uma pessoa; • recorta papel, segura pincel e cola com mais precisão; • desenha coisas que já viu.	• Demonstra noção de duração das situações; • aumenta o vocabulário sobre o tempo.	• Tem noção de cidade e de rua; • representa mentalmente itinerários. • emprega com exatidão o vocabulário relativo ao espaço (sentido de direção e posições).	• Desenvolve o sentido do "eu"; • tem mais noção dos limites (meu/teu/ nosso, certo/errado). • segrega os sexos nos jogos; • demonstra autoritarismo, expansividade e iniciativa; • tem grande capacidade de imitação; • adora ser elogiada e se elogia; • é fisicamente afetuosa; • demonstra alguns medos e por isso não deve ser assustada e nem ouvir muitas histórias que venham a aumentar seus medos; • suas emoções são extremas: gosta muito, detesta muito.

Idade	Características físicas e cognitivas	Comunicação e expressão	Percepção	Coordenação global, equilíbrio e conhecimento corporal	
5 anos	• Pesa de 17 a 20 quilos; • planeja atividades , a ideia precede a ação e é menos impulsiva (pensa antes de agir); • é mais responsável e organizada; • pode começar a perder os dentes de leite; • começa a perceber a correspondência termo a termo, quando compara dois conjuntos; • concentra a atenção por períodos de aproximadamente quinze a trinta minutos.	• Vence as maiores dificuldades de pronúncia; • domina vocabulário rico; • faz muitas perguntas; • pode começar a ler algumas palavras; • define os objetos segundo seu uso; • começa a fazer distinção entre realidade e fantasia. É mais realista; • escreve seu primeiro nome.	• Aprende os conceitos e noções básicas de cor, forma, tamanho, espessura, temperatura, sabor, cheiro e peso; • tem percepção de detalhes e é capaz de comparar e seriar.	• Demonstra precisão e destreza na motricidade: pode sentar-se ereta, correr , pedalar, pular, nadar, saltitar, atirar, virar cambalhotas; • tem melhor conhecimento das partes e das proporções corporais; • com os pés juntos, salta sem impulsos, por cima de um elástico colocado a 20 cm do solo e mantém-se na ponta dos pés por dez segundos; • apresenta independência total em suas necessidades (bexiga e intestino).	

	Coordenação fina	Orientação temporal	Orientação espacial	Características sócio-afetivas
	• Apresenta motricidade fina mais hábil: dá nós simples, escreve, modela, constrói, manipula, veste-se, alimenta-se, lava-se, colore dentro de limites, utiliza faca ao comer, abotoa, amarra.	• Interessa-se pelo tempo presente; • compreende as diferenças: dia/noite, manhã/tarde; • maneja adequadamente os termos referentes ao tempo.	• Começa a diferenciar direita/ esquerda; • reconhece alguns limites geográficos e consegue orientar-se na rua; • monta quebra-cabeças.	• Demonstra sentido mais seguro do "eu;" • a mãe continua sendo o centro de seu universo, embora esteja mais independente dela; • inicia atividades grupais, embora com fins mais individuais do que coletivos; • começa a interessar-se pelos vizinhos, por pessoas novas; • aceita regras e limites e consegue jogar cooperativamente .É mais sociável; • aparecem juízos de valor sobre seu próprio comportamento; • tem iniciativa e ideias próprias; • é mais autocrítica e segura; • continua a apresentar ansiedade com relação a coisas cuja explicação desconhece.

Para promover o prazer da criança é necessário uma prática interdisciplinar que tem como base inicial um tema gerador. Esses temas possuem a função de "fios condutores" do trabalho pedagógico, buscando a integração das atividades de forma que não haja perda do real valor e da função de cada área de conhecimento.

O tema gerador deve vir do meio social da criança, através de pesquisas, rodas de conversas, respeitando o interesse da criança, podendo ser uma história, um desenho animado, uma música, uma receita, curiosidade ou até mesmo uma figura.

O professor deve propor atividades dinâmicas e temas variados que envolvam e despertem o interesse da criança e permitam situações inesperadas e não planejadas.

É necessário que o educador favoreça à criança o maior número possível de recursos, pois assim, a criança que está em pleno desenvolvimento possa experimentar diferentes situações de aprendizagem.

A partir da seleção do tema, o educador fará uma articulação integrada e contextualizada das atividades, porque as situações do dia a dia das crianças também estão integradas e contextualizadas.

O professor deve propor atividades dinâmicas e temas variados que envolvam e despertem o interesse da criança e permitam situações inesperadas e não planejadas.

Existem muitos temas que despertam interesse na criança e podem ser aproveitados pelos educadores através da interdisciplinaridade e de projetos. Basta aproveitar a motivação e a curiosidade da criança para que o projeto pedagógico possa ganhar vida e aprendizagem.

Partindo deste ponto, as brincadeiras e os jogos tornam-se essenciais fontes de aprendizagem. Abordaremos a seguir como o lúdico pode estar inserido em algumas disciplinas curriculares.

O educador poderá também escolher um tema gerador amplo que será dividido em subtemas, como exemplo Animais.

No subtema, o educador colocará os tópicos a serem desenvolvidos, partindo do tema e dos objetivos que deverão ser atingidos. O educador deve propor a exploração verbal, criando questionamentos e levando a criança à descoberta.

O Projeto realizado com o tema "Animais" pode favorecer uma amplitude de informações pelos quais a criança estará inserida. Através de músicas, jogos, brincadeiras, Estudo do Meio (passeios à sítios, zoológicos...) as crianças vivenciarão o conteúdo despertando curiosidade e aprendizagem.

Um projeto pedagógico, quando bem elaborado, poderá ser contextualizado e integrado em todas as disciplinas programáticas. Além de envolver a descoberta do assunto, o educador integrará com Matemática, Linguagem, Natureza, Sociedade, Artes, Educação Física e Musical...

Abaixo apresento um exemplo básico e fácil de interdisciplinaridade.

Sugestão: Música

Atirei o pau no gato to
Mas o gato to, não morreu reu reu
Dona Chica ca, admirou-se se
Do berrô, do berrô, que o gato deu. Miau

1- Exploração do animal – Questionamento sobre suas características, alimentação, habitat, animal de estimação da criança, etc.

- Alguém conhece um gato?
- Como ele é?
- Possui penas? Por quê?
- Possui pelos?
- Qual a importância dos pelos para o gato e para outros animais?
- Onde o gato mora?
- Quem tem filhotes, o gato ou a gata?
- Podemos ter um gato em casa?
- Quais os cuidados necessários para termos um animal de estimação?
- Quais outros animais podemos ter em casa?
- Qual a diferença entre o gato e o cachorro?
- E a diferença entre o gato e o ser humano?
- Existem semelhanças? Quais são elas?
- Etc.

2 - Proteção aos animais – Questionamento

- Dona Chica atirou o pau no gato. Isto é correto? Por quê?
- Como devemos tratar os animais?
- Existem alguns animais que não podemos ter em casa? Quais são? Por quê?
- Quem já presenciou alguém maltratando um animal?
- Como foi?
- Quem tem animal em casa?

- Como você cuida dele?
- Existem animais em extinção? Pesquisar estes animais junto com as crianças.
- Fazer relação com desenhos animais e filmes, por exemplo o filme "Rio" que trata sobre o tráfico de aves.

3 - Exploração do vocabulário – Questionamento

- Será que este gato tem dono?
- Vamos criar um nome para o gato?
- Qual será o motivo que levou Dona Chica a atirar o pau no gato?
- Onde será que mora este gato?
- O que será que ele come?
- Quem mora com ele?
- Que conselhos poderíamos dar a Dona Chica?
- Conhecer a escrita da palavra GATO, fazer associações com o alfabeto móvel, com recortes de revista...

4 - Situações – problema – Questionamento

- Na hora do ocorrido, apareceram mais dois gatinhos. E agora? Quantos gatos temos?
- E se tivessem surgido mais cinco gatinhos?
- Este gato era grande ou pequeno?
- Magro ou gordo?
- Vamos colocar os gatinhos na ordem crescente de acordo com o tamanho? (neste caso a professora poderá distribuir várias figuras de gatos em diferentes tamanhos e explorar as fichas, de acordo com tamanho, semelhança, diferença, estabelecer comparações entre quantidades, numerais).
- Etc.

5 - Atividades corporais - Questionamento

- Jogo do Mia gatinho: a professora escolhe uma criança que deverá estar com os olhos fechados. Em seguida, cantará com as crianças a seguinte música:
- Senhor caçador, preste bem atenção
  Não vá se enganar quando o gato miar
  Mia gatinho
  (neste momento, a professora aponta para algum aluno que deverá miar, sendo que o aluno que estará com os olhos fechados deverá descobrir quem miou).
- Relacionar os sons aos seus emissores: a professora colocará uma fita com diferentes sons de animais, que deverão ser identificados pelas crianças.
- Círculo interativo: a professora poderá escolher uma música, que fale sobre os animais (vejam sugestões no capítulo específico de musicalização). A professora distribui fichas com figuras de animais, incluindo o gato. Deve conter pares iguais. Ao parar a música, as crianças deverão encontrar seu par, fazendo uma associação (poderá variar: relação – animal com seu habitat, animal com sua alimentação).
- Estimulação corporal: a professora desenha no chão um caminho, coloca em uma extremidade uma figura do gato e do outro lado a figura de uma mulher representando a Dona Chica. A criança deverá percorrer o caminho, levando a figura até a outra extremidade (poderá ser feito em dupla ou individualmente, a professora poderá determinar que o caminho deverá ser percorrido num pé só, agachado, imitando um gatinho, correndo, com os pés dentro de um aro, etc.).

6 - Atividades Sociais – Questionamento

- Direitos e deveres – Quais são nossos direitos e nossos deveres sobre os animais? E os direitos dos animais em relação ao ser humano? Relacionar com o significado da extinção dos animais ou da cadeia alimentar.
- Problemas sociais: o gato mora em uma casinha com seu dono e vocês, com quem moram? Será que todas as crianças possuem um lugar para morar? Como são as casas? Todas as pessoas moram em casas térreas?
- Relação com o desenho animado: Tom e Jerry (neste momento a professora poderá narrar uma história ou então passar o desenho animado para as crianças assistirem). Fazer comparações sobre o gato, como sendo um animal doméstico e o rato um animal nocivo; estabelecer uma relação com as brigas, comparando com a violência do dia a dia, etc.

8 - Musicalização - Tom e Jerry

- Cantar a música com a criança, estimulando-a na entonação (grosso, fino, alto, baixo, imitando personagens, um lobo), nos gestos, na substituição de palavras por sons ou gestos).

Música:

Tom é o gato
Jerry é o rato
Corre, pega
Não deixa escapar
O gato atrás do rato
Para briga começar (ou terminar)

Obs. As sugestões poderão ser variadas, de acordo com a criatividade do professor e do local em que as crianças estão inseridas, assim como os questionamentos devem ser adaptados para cada faixa etária.

Capítulo 7

Aprendendo com jogos

7.1 MATEMÁTICA

A criança, desde muito pequena, mesmo antes de ingressar na escola, está integrada ao mundo dos números e dos conhecimentos matemáticos.

Até mesmo antes de falar, percebemos o adulto solicitando a uma criança que mostre com os dedos a sua idade e introduz em sua linguagem os numerais, mesmo que a criança não consiga representá-los quantitativamente.

Questionando uma criança de 3 anos sobre sua idade, ela responderá corretamente, mas quando questionamos alguns conceitos como: quantos quilos você pesa? A resposta 4 horas, está demonstrando que a criança possui apenas a representação do numeral, mas não consegue estabelecer a relação/peso/quilos.

Além da linguagem escrita, a Matemática também se caracteriza como um instrumento para o cidadão, auxiliando-o na leitura do mundo. Cada vez mais, as informações são representadas através de símbolos, sejam gráficos, legendas, desenhos, etc. Portanto, as crianças passam a criar hipóteses e a elaborar conceitos através de sistemas de representação.

É muito interessante, percebermos alunos de 1ª ano/2º. ano (Ensino Fundamental), onde a minoria apresenta dificuldades na disciplina de Matemática, enquanto o mesmo não acontece na linguagem escrita. Essa situação começa a inverter-se com o passar das séries. Justifico esse aspecto pela prática, pois desde cedo a criança compara quantidades de figurinhas ou divisão de balas. Dessa forma, ela se encontra num ambiente cercado de conhecimentos matemáticos.

Ressalto também que atualmente a dificuldade em interpretar situações-problemas é bastante grande no Ensino Fundamental, e é preciso rever como está sendo ensinado a disciplina.

Infelizmente, muitas escolas de Educação Infantil priorizam a matemática como sendo exclusivamente a representação gráfica de numerais, a memorização e a repetição; e deixam de apresentar situações que envolvam comparações, semelhanças, associações e situações-problemas.

De acordo com o RCNs:

> *"os conhecimentos apresentam diferentes níveis de abstração e as concretizações representam os significados que lhe vão sendo atribuídos a cada momento com a ajuda de materiais ou não. Aprender é construir significados e atribuir sentidos".*

Diante desse pressuposto, é necessário que o educador faça uma reflexão sobre o verdadeiro ato de ensinar Matemática, sendo introduzidas situações-problemas que vão surgindo no cotidiano escolar e, assim, a criança conseguirá articular os conhecimentos adquiridos com a realidade que está inserida.

Os objetivos a serem atingidos com a abordagem da matemática na Educação Infantil, de acordo com RCNs, devem ser:

Faixa etária: de zero a três anos

- participar de atividades em que o adulto recite a sequência numérica;
- participar de contagens, envolvendo o grupo de crianças, objetos da classe, elementos envolvidos em histórias, músicas, brincadeiras e jogos;
- utilizar expressões relacionadas à quantidade nas suas brincadeiras;
- experimentar representações tridimensionais de objetos e figuras, utilizando argila, massa de modelar, colagens;
- participar de jogos de composição de figuras;
- fazer observações que revelem uma aproximação às noções de quantidade, tempo e posição, utilizando uma terminologia própria e afim.

Faixa Etária: de três a seis anos

- reconhecer e valorizar a matemática como uma ferramenta necessária ao seu cotidiano;
- utilizar o conhecimento matemático para resolver problemas de seu cotidiano ou nas situações de aprendizagem relacionadas à quantificação e à exploração do espaço;
- desenvolver estratégias próprias para resolver problemas de seu interesse, experimentando formas de raciocínio como ensaio e erros, relação estimativa, indução;
- desenvolver uma atitude de interesse e curiosidade com a matemática;

- utilizar a linguagem oral para comunicar hipóteses, processos e resultados desenvolvidos em contextos matemáticos;
- identificar e utilizar elementos da linguagem matemática ou próximos desta, tais como: símbolos numéricos ou marcas e signos alternativos para registro de quantidades, sinais de operações, representação de figuras e formas;
- ter confiança em sua capacidade para lidar com situações matemáticas desconhecidas, utilizando conhecimentos prévios.

Kamii (1999), aborda que:

> "*o objetivo para 'ensinar' o número é o da construção que a criança faz da estrutura mental de número. Uma vez que esta não pode ser ensinada diretamente, o professor deve priorizar o ato de encorajar a criança a pensar ativa e autonomamente em todos os tipos de situações. Uma criança que pensa ativamente, à sua maneira, incluindo quantidades, inevitavelmente constrói o número. A tarefa do professor é a de encorajar o pensamento espontâneo da criança, o que é muito difícil porque a maioria de nós foi treinada para obter das crianças a produção de respostas certas*". (p. 41)

Sugestões de Atividades

Gostaria de deixar claro que muitas destas atividades não foram de minha criação e sim uma coletânea e adaptação de jogos e brincadeiras que fizeram parte do meu dia a dia com as crianças.

1 O professor deverá distribuir para as crianças uma caixa com 4 a 8 objetos diferentes, para serem classificados em grupos, de acordo com as semelhanças ou diferenças.

Exemplo: No conjunto, deve conter objetos diferentes do quadrado (ou separá-los por cores, formas, texturas, todas as frutas, todos os brinquedos), ou seja, agrupar os objetos de acordo com a determinação do professor.

Posteriormente, o professor incluirá mais um conjunto para fazer comparações e agrupamentos. É importante que o professor verbalize com a criança, através de questionamentos, induzindo a situações-problemas.

Exemplo: Onde tem mais brinquedos?

Qual o conjunto que tem mais objetos da cor azul?

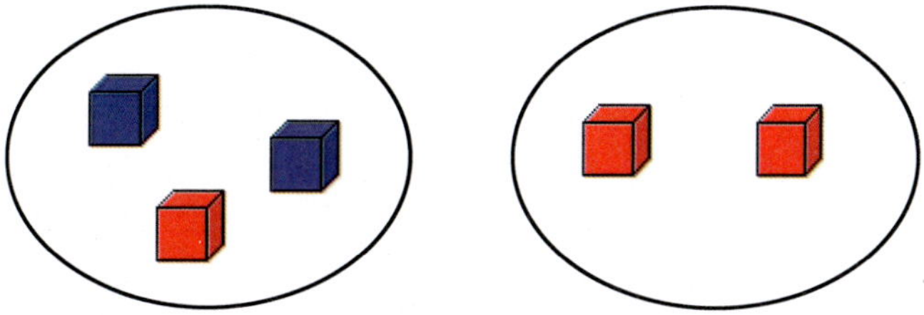

E se quisermos que neste conjunto tenha mais objetos da cor vermelha? O que devemos fazer?

2 Pintar palitos de sorvete de diferentes cores. O professor deverá solicitar às crianças que os classifiquem, segundo as cores pré-determinadas, colocando-os em garrafas ou

latas de refrigerante, cobertas com papel e etiquetadas com os nomes das cores ou com figuras que determinem as cores. Uma variação é fazer círculos de papel, dando o formato de pirulitos.

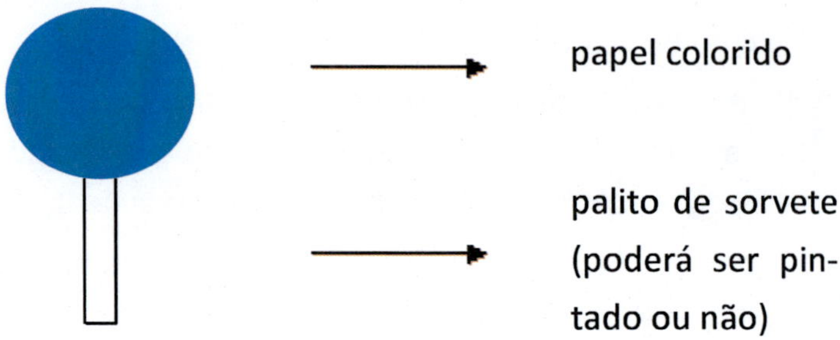

3 Recortar figuras de objetos ou alimentos e classificá-los em grupos, colando-os ou apenas separando-os no lugar determinado. Esta atividade poderá ser variada, sendo que o professor deverá distribuir uma figura para cada criança e no sinal determinado, todas as crianças deverão identificar o local e encaixar as figuras. Os locais poderão estar determinados por palavras ou por figuras semelhantes, que representem as palavras.

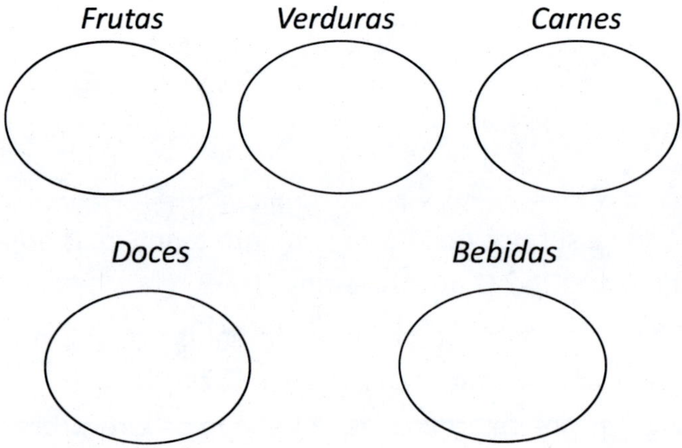

4 O professor deverá distribuir uma cartela para cada criança e fichas com as formas geométricas. A criança deverá colocar as fichas que possui no lugar adequado, como o exemplo a seguir:

□	□	?	□
O	?	O	O
Δ	□	?	□

Obs. A seriação acima deverá ser elaborada de acordo com o limite da criança e a cada faixa etária poderá aumentar ou diminuir a complexidade.

5 O professor distribuirá para as crianças figuras que se assemelham às formas geométricas. À frente da criança, colocar caixas de sapatos, encapadas e etiquetadas com as formas, sendo que as crianças farão a associação, colocando as figuras dentro das respectivas caixas.

Poderá ser variado com o numeral e a quantidade.

Figuras de objetos semelhantes ao quadrado	Figuras de objetos semelhantes ao círculo.
Exemplo: televisão, caixa de presentes, armário, etc.	Exemplo: relógio, bola, pirulito, bolo, etc. 

6 O professor colocará uma música e, ao sinal dele, as crianças deverão formar conjuntos, de acordo com o comando:

- formar um conjunto só com meninas;
- formar um conjunto só com crianças que possuem cabelos pretos;
- dentro do bambolê (arco) deve ter somente meninos;
- fora do bambolê (arco) deve ter somente as crianças mais altas que o João.

Com esta atividade o professor proporá a criança a noção de classificação ao formar os grupos.

7 O professor entrega duas caixas com os palitos colocados em diferentes posições e propõe questionamentos ao aluno para que ele perceba que existe a mesma quantidade de palitos em ambas as caixas.

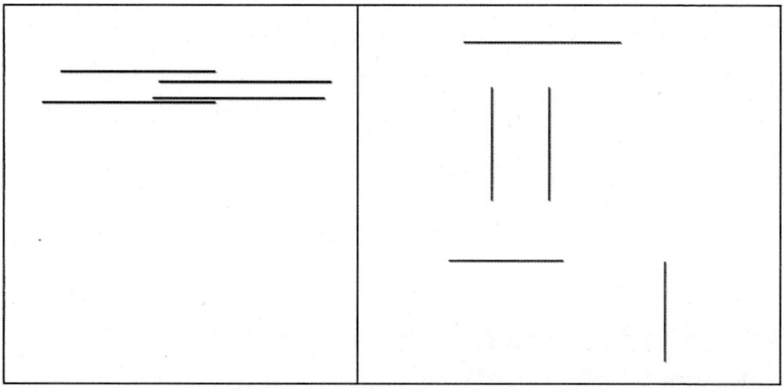

8 Utilizando cartões com as formas geométricas, as crianças deverão criar figuras (poderá ser utilizado o tangran – jogo japonês milenar com sete peças). É importante que o professor explore a criatividade da criança, permitindo que crie figuras ou objetos com as peças.

9 O professor distribuirá sementes, palitos e tampinhas para as crianças. Em seguida, deverá apresentar, pausadamente, cartões relâmpagos e as crianças deverão reproduzir o que viram no cartão. Inicialmente, com o apoio visual e posteriormente, sem o apoio.

Exemplo: O professor mostra o cartão com 4 sementes e a criança deverá pegar as 4 sementes que devem estar próximas a ela. Esta atividade tem como objetivo a discriminação visual.

	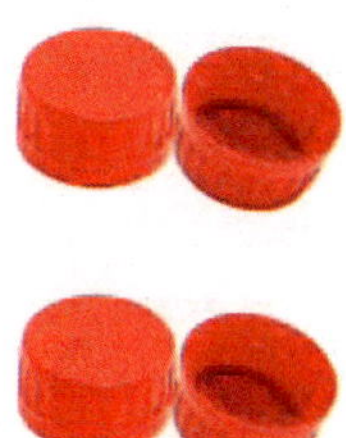	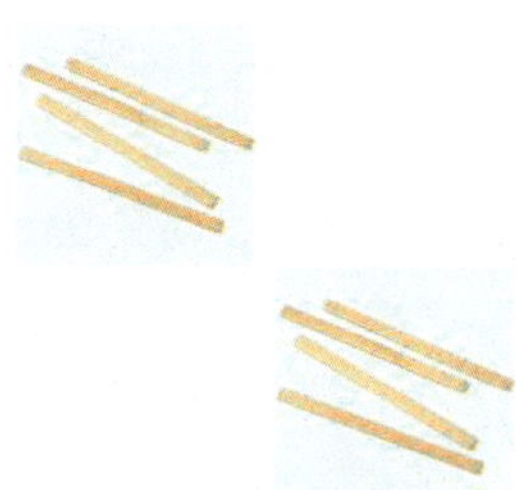
5 sementes	4 tampinhas	8 palitos

10 O professor determina com as crianças movimentos para cada cartão que ele mostrar (sinais combinados). É interessante também trabalhar as formas geométricas, utilizando figuras socialmente usadas pelas crianças.

Exemplo:

	As crianças deverão dar um pulo
	Cada criança deverá dar um beijo no amigo
	Cada criança deverá agachar e sentar no chão
	Cada criança deverá dar um abraço no amigo

Obs. Poderão ser distribuídas fichas com figuras geométricas ou numerais para o mesmo procedimento.

11 Com o mesmo procedimento da atividade anterior, o professor distribui para cada criança uma ficha com os numerais (representação) ou com a quantidade(figuras). Ao sinal do professor, a criança deverá procurar seu par, associando número e numeral e assim formará duplas.

Variação: esta atividade refere-se ao jogo da memória, que poderá ser feito posteriormente com as fichas colocadas na mesa, na lousa ou no chão.

12 Bingo: o professor distribuirá uma cartela vazia, dividida em colunas. Esses espaços deverão ser preenchidos por numerais da escolha da criança. Em seguida, o professor inicia o sorteio de numerais que deverão ser assinalados na cartela, caso corresponda ao escrito. Vence, aquele que preencher a cartela primeiro. Para que não fortaleça a competição, o professor poderá ir recolhendo as cartelas preenchidas, dando sequência à brincadeira.

6	8	4	3
9	5	1	2

13 As crianças, através do espelho ou de fotografias, deverão observar o próprio corpo. E através de desenho, registrarão tudo o que forem observando, comparando as quantidades das partes do corpo (dois braços, duas pernas, uma boca, cinco dedos).

14 Quebra-cabeça: o professor prepara fichas com os numerais, sendo que os mesmos estarão divididos em partes de acordo com a quantidade indicada. Exemplo: numeral 5 estará dividido em cinco peças, numeral 3 em três peças, e assim por diante. Uma variação é colocar nas fichas figuras que representem esses numerais.

A ficha do numeral 4 será dividida em quatro partes. A de 5 em cinco partes.

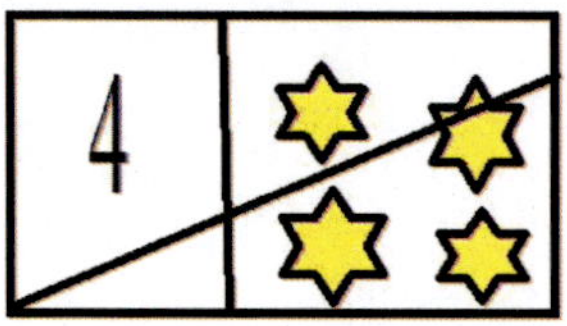

15 O professor deverá distribuir palitos de sorvetes para os alunos e propor desafios, tais como: "O que podemos fazer com 3 palitos?" (com 4, 5, 6...). É importante que o professor permita e estimule a criatividade dos alunos, se possível posteriormente, montando um painel, para que o mesmo seja exposto em sala de aula.

16 Batata-quente: esta tradicional brincadeira pode ser facilmente adaptada para estimular desafios nas brincadeiras das crianças, sendo que poderá ser aplicada em diferentes conteúdos, desde a estimulação verbal até a lógica-matemática.

O professor colocará dentro de um saquinho fichas com os numerais (representação) e iniciará a brincadeira. Todas as crianças devem ser posicionadas em círculo para poderem passar o saquinho para o colega ao lado, no ritmo: batata quente, quente, quente, queimou. O aluno que estiver com o saquinho em mãos, quando for ditado a palavra queimou, deverá retirar uma ficha.

Exemplo: numeral 3 – neste momento o aluno deverá dizer o numeral e pegar três objetos, associando numeral e número.

0	1	2	3	4
5	6	7	8	9

17 Jogo do tapa: o professor distribuirá cartas para as crianças com numerais e figuras correspondentes (poderá ser utilizado um tradicional baralho). Cada criança recebe o mesmo número de cartas. Inicia-se o jogo com as cartas viradas ao contrário (o aluno não poderá saber o numeral posterior à carta jogada). Cada criança vira uma carta no centro de uma mesa ou no chão, dizendo a sequência numérica; quando coincidir a carta virada com o numeral dito todas as crianças colocam as mãos em cima do monte virado na mesa. O último que colocar a mão deverá ficar com todas as cartas e reinicia a brincadeira. Caso o professor queira permitir um vencedor, o mesmo só poderá vencer quando não tiver mais nenhuma carta nas mãos.

18 O professor deverá utilizar cartões numerados de 1 a 4 (ou outra quantidade que o professor preferir), sendo 8 cartas de cada numeral (8 x 4 = 32 cartas). Dividir os alunos em grupos de 4 ou 5, dependendo do número de

alunos. Cada criança mantém sua pilha virada para baixo. Quando chegar a sua vez, ela deverá retirar a carta superior e tentar completar um total de 5, por exemplo, com outra carta. Vence quem conseguir o maior número de cartas.

2	?

↓

* precisaria de uma carta número 3

19 O professor distribui fichas para os alunos e propõe vários desafios para que eles descubram o segredo.

Exemplo:

Numerais

1	?	3	4	5

Co

Amarelo	Verde	Amarelo	Verde	?

Ta

Fo

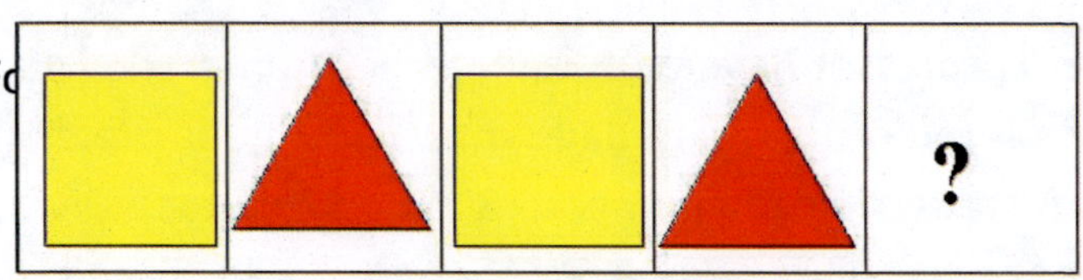

20 Caixa Mágica: o professor deverá providenciar uma caixa de sapatos e encapá-la com papéis coloridos. Dentro da caixa, o professor deverá colocar numerais (poderá ser feito com lixa, madeira, em relevo) ou formas geométricas (blocos lógicos*) e pelo tato a criança deverá descobrir qual é a forma ou numeral.

- * blocos lógicos: material pedagógico feito em madeira representando as formas geométricas (círculo, quadrado, triângulo) em dois tamanhos: grande e pequeno, em duas espessuras: grosso e fino e nas cores: azul, amarela e vermelha.

21 Sopa de numerais / Formas: O professor contará uma história, na qual fará uma sopa e os numerais e as formas serão os ingredientes. É necessário que o professor confeccione fichas com figuras e formas de diferentes quantidades, respeitando a faixa etária da criança.

Exemplo: "João, pegue 2 triângulos azuis!

Ana, pegue 3 círculos laranjas e coloque-os dentro da panela!"

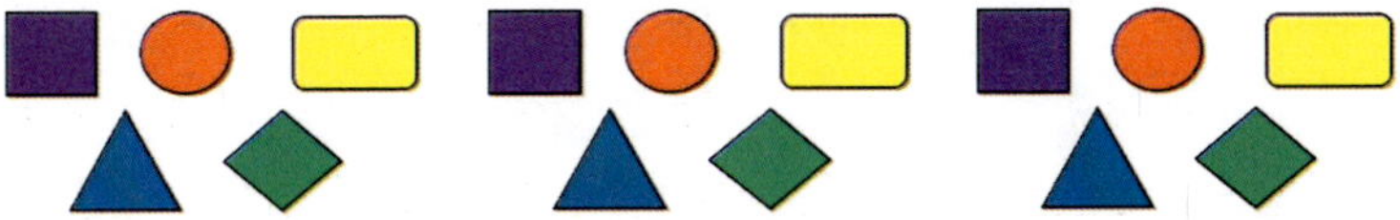

22 Distribuir tampinhas de garrafas ou outro objeto, podendo ser figuras recortadas de revistas. O professor forma um limite com barbante e coloca alguns objetos dentro dele; assim solicitará aos alunos que completem o grupo de elementos até atingir a quantidade solicitada.

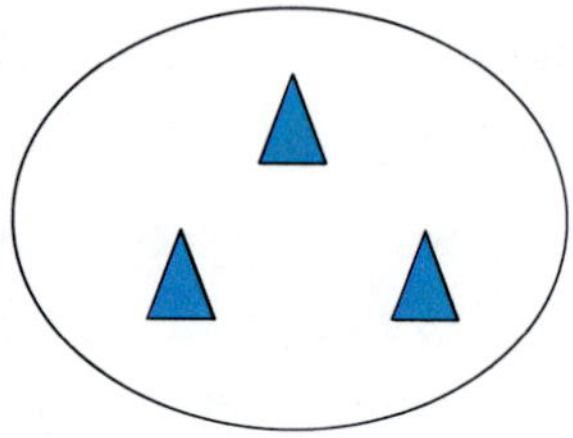

Exemplo: "Este grupo deve ter cinco elementos". A criança deverá completar até atingir 5 elementos.

23 Mímica: o professor coloca dentro de uma caixa fichas com vários numerais. A criança deverá retirar um numeral da caixa e sem que os amigos vejam a ficha, deverá dramatizar a quantidade respectiva do numeral de diferentes formas.

Exemplo: Numeral 3 (dar 3 pulos, bater 3 vezes as mãos, pegar 3 objetos)

24 Intersecção: o professor colocará em dois conjuntos, separadamente, numerais ou formas, sendo que alguns devem se repetir para formar a intersecção. O professor fará questionamentos aos alunos sobre os elementos, levantando hipóteses, como: qual elemento que se repete, quantos elementos a criança observa. É interessante que o professor proponha desafios.

Exemplo:

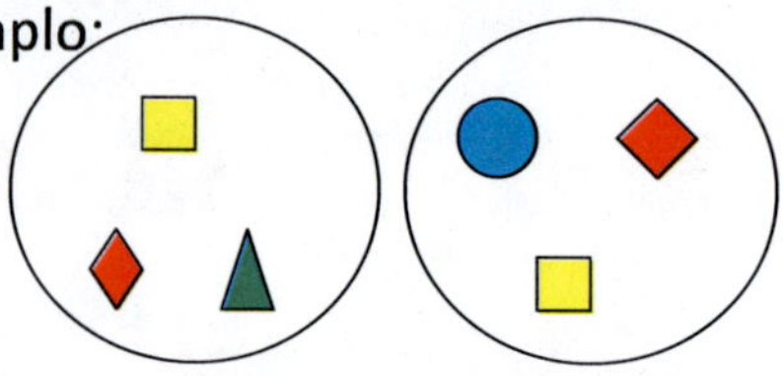

25 Colocar em ordem: o professor distribuirá fichas enumeradas de 1 a 10 e a criança deverá colocá-las em ordem crescente, decrescente. Pode-se variar, colocando apenas elementos representativos.

Exemplo:

1	2	3	4	5	6	7	8	9	10

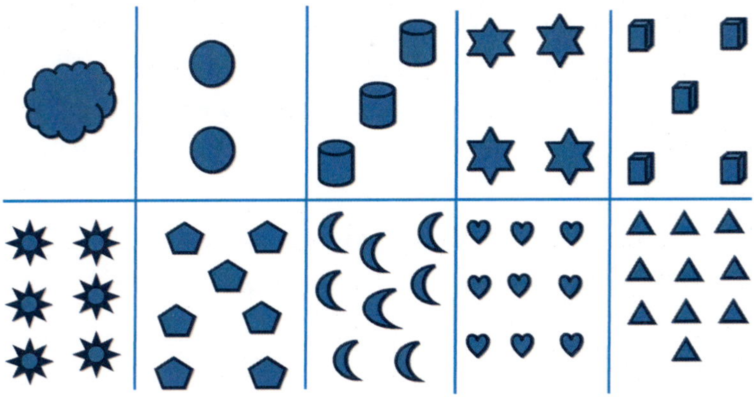

26 Jogo com dados: o professor deverá confeccionar um tabuleiro de jogo, no qual a criança precisa mover e contar adequadamente sua peça de acordo com o número sorteado nos dados.

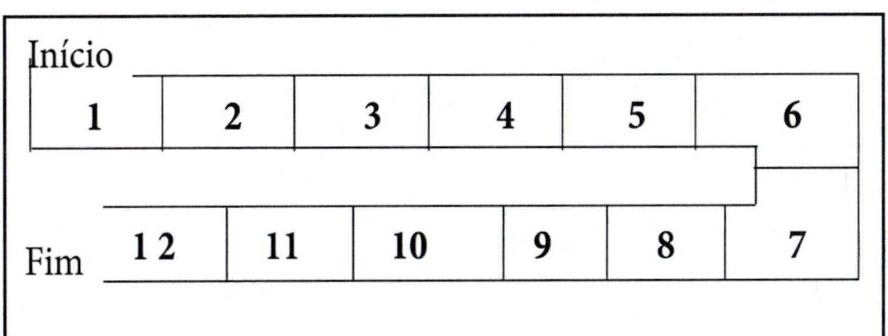

27 Distribuir uma ficha com numerais aleatórios e a criança deverá completar a cartela (de acordo com a quantidade) com tampinhas, palitos ou desenhos.

2	
5	
7	

28 Pescaria: as crianças desenham vários peixes em papel cartão ou cartolina. Pintam, recortam e colam um numeral em cada peixe (poderá ser colado um ímã em cada peixe e providenciado uma varinha de pesca, típico de festa junina).

A criança irá pescar um peixe, dizer o numeral correspondente ao peixe e em seguida, pegar a quantidade de objetos correspondentes ao numeral.

29 Dança Numérica: as crianças dançam pelo espaço e ao parar a música deverão se agrupar de acordo com o numeral dito em voz alta pelo professor.

Exemplo: numeral 4 - agrupar 4 crianças.

Variação: o professor poderá dar comandos para que cada numeral represente uma figura, ou seja, as crianças deverão unir-se e montar com o corpo a respectiva figura referente ao numeral.

Exemplo:

- **2 crianças** – montar uma bola (as duas crianças deverão dar as mãos montando um círculo).
- **3 crianças** – montar a toca do coelho (duas crianças deverão dar as mãos e uma deverá ficar dentro desse círculo, representando o coelho).

- **4 crianças** – montar uma estrela (as crianças deverão sentar no chão, abrir as pernas, unindo os pés e formar uma estrela).
- **5 crianças** – montar uma flor (formar uma estrela e no centro ficará uma criança).

30 Supermercado: o professor ou as crianças deverão montar uma lista de compras e depois deverão simular um supermercado (o professor poderá confeccionar dinheiro, utilizar embalagens vazias, rótulos, etc.).

	4,00 Maçãs
	3,00 Peras

Obs. Poderá ser confeccionado um cartaz com a lista de preços.

31 A criança receberá uma ficha com numerais e, seguindo a orientação do professor, deverá desenhar as figuras geométricas, de acordo com a respectiva quantidade.

1	
2	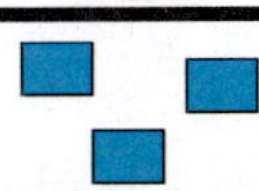
3	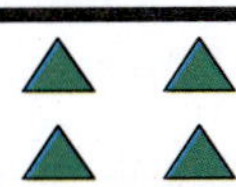
4	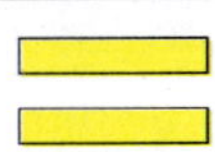

32 Formar palavras: quando as crianças tiverem em fase de alfabetização, o professor poderá confeccionar uma ficha com uma determinada palavra e as crianças deverão colocá-las na sequência correta, obedecendo à sequência dos numerais para formar a palavra.

Variação: poderá ser feito com recorte de revistas, formando uma figura.

b	o	l	a
1	2	3	4

Reflexão:

As atividades lúdicas descritas acima são apenas sugestões para que o professor possa tornar a aula mais prazerosa. É necessário, que o professor crie e invente novas atividades, sendo que muitas dessas atividades podem ser adaptadas para outras disciplinas.

Acredito e tenho comprovado, através da minha prática, a importância da ludicidade na Educação Infantil. O retorno de aprendizagem é maravilhoso e torna a criança mais criativa e ativa em seu desenvolvimento.

7.2 PORTUGUÊS

Mesmo antes de entrar na escola, a criança está cercada de uma cultura letrada e, muitas vezes, a escola acaba dificultando o processo de introdução à linguagem escrita, propondo sequências idealizadas de processos cumulativos (metodologias sem fundamento) sem levar em conta como é que a criança constrói a escrita.

No livro "O menino que aprendeu a ver" de Ruth Rocha, percebemos claramente como a criança decodifica os símbolos gráficos.

É interessante ver crianças de 2 anos que identificam a palavra Coca-Cola, Carrefour ou Mc Donald's apenas pelo seu logotipo. Mas como a criança constrói a escrita? Por que é tão difícil alfabetizar?

Atualmente, as escolas de Educação Infantil, têm a preocupação de iniciar o processo de alfabetização desde muito cedo. Recentemente, tive contato com uma escola que estava iniciando as vogais com crianças de 2 anos.

A escrita é um sistema de representação da língua, cuja aprendizagem significa apropriação de um novo objeto de conhecimento. Portanto, é importante que sejam propostas atividades que busquem viabilizar a compreensão das crianças do que significa esse sistema de representação.

O contato com a leitura e com símbolos gráficos, inicia-se desde muito cedo, principalmente quando a criança tem contato com as histórias infantis lidas por pais e professores.

Trabalhar com o imaginário da criança é um dos maiores prazeres para o educador. Assim, destacarei alguns pontos importantes de como contar uma história.

É necessário, antes de tudo, que o educador ou pais tenham consciência de que nem toda história vem do livro, pronta para ser contada. A linguagem escrita, por mais simples e acessível, ainda requer adaptação verbal que facilite sua compreensão e a torne mais dinâmica e mais comunicativa.

A seguir, destaco algumas sugestões de como contar histórias:

- mostrar o livro à criança, apontando as figuras e permitindo que faça comentários do tipo: "Olha o gato!";
- mudar a entonação de voz, de acordo com os personagens, faz com que a criança se interesse mais pela história;
- no final da história, é interessante ter uma conversa informal com a criança retomando aspectos importantes do enredo (personagens, o que aconteceu, local onde aconteceu a história, etc.);
- contar a história com naturalidade;
- evitar contar histórias quando a criança estiver com fome ou muito sono. A criança pode logo dormir ou se manter acordada mediante um esforço que contraria as solicitações do seu organismo naquele momento. É claro que se antes de dormir a criança pede para ouvir uma história, o ideal é atendê-la, escolhendo histórias curtas, de enredo breve;
- caso a criança solicite: "conte outra vez", é preferível contar novamente.

A Ludicidade como facilitador no processo de alfabetização

A fase de Educação Infantil, muitas vezes subestimada pelos pais – que imaginam ser um período só de brincadeiras – é a época mais importante para despertar na criança o prazer da leitura. Em geral, os pais começam a cobrar a leitura a partir da alfabetização e passam a criar expectativas em relação ao filho. Talvez por isso, muitos pais, ao se depararem com registros escritos por seus filhos, por volta dos 5 ou 6 anos, fiquem surpreendidos e, muitas vezes, assustados. Alguns, por acharem que essas crianças, tão repletas de informações, desde pequenas, devessem escrever melhor, outros, porque comparam sua própria escrita, quando criança, à escrita de seus filhos hoje ou de algum amiguinho da mesma sala ou de outra escola: "Ah, no meu tempo, escrevia–se com menos erros." ou " Meu sobrinho tem menos idade e já lê tudo, mas meu filho...!"

Justamente porque o mundo mudou e os educadores, através de pesquisas, buscaram compreender como as crianças pensam, o olhar sobre a alfabetização também foi alterado.

Hoje é sabido que se apropriar da linguagem escrita não é tarefa simples. Ela envolve, por parte de quem o faz, a reconstrução de um sistema construído pelo homem através de séculos. No caso da criança, essa apropriação tem um significado muito mais amplo do que a simples cópia, do que o traçado correto das letras, do que o mecânico decodificar de sílabas. Para ela, aprender a escrever significa ousar, correr riscos, expor-se. O aluno não é alfabetizado pelo professor, mas ele alfabetiza-se à medida que vai interagindo com a leitura e a escrita, até que consiga compreender, de forma conceitual, o que é ler e escrever. Ao ler e interpretar os textos e palavras, que fazem parte de sua experiência diária, a criança acabará reconhecendo as letras, como também descobrirá o modo de combiná-las convencionalmente.

Ela fará descobertas sobre o uso das letras, associando essas descobertas às suas experiências e conhecimentos adquiridos anteriormente.

Assim, ela descobrirá que a primeira letra da palavra Coca-Cola é igual à primeira letra de seu nome Carlos, que a primeira letra de Guaraná é igual à primeira letra do nome de seu colega Guilherme, fazendo então, sempre outras relações progressivas e semelhantes.

Nesse momento tão especial, é necessário que pais e professores respeitem o que a criança produz, ainda que seus primeiros registros estejam distantes dos padrões esperados. É imprescindível que à criança sejam proporcionados tempo e espaço para a escrita, que os adultos escutem dela o que acha daquilo que escreve, e por que escreve daquela forma. É necessário dar–lhe tempo. É necessário dar-lhe espaço. Mas, acima de tudo, é fundamental transmitir a todo instante e, através de caminhos diversos, a crença em seu potencial.

Mas, como a criança adquire os símbolos gráficos?

Para a criança adquirir os símbolos gráficos é necessário que esses símbolos sejam significativos para ela. Já ouvi muitos professores dizendo que a criança não consegue se alfabetizar devido à falta de maturidade. Mas justifico que, além da maturidade, é necessário despertar na criança o gosto pela aquisição da linguagem escrita, sendo que o professor deverá motivá-la com atividades prazerosas.

Aprender a ler e a escrever é como aprender a andar. Cada criança apresenta seu próprio ritmo e seus limites, mas quando vemos duas crianças andando é impossível identificar quem andou primeiro. Assim ocorre com a alfabetização. Alguns professores, quando se deparam com uma turma de 6 anos que ingressará no processo de alfabetização, adotam cartilhas ou selecionam atividades "prontas" que passam a ser reproduzidas fielmente aos alunos, esquecendo-se da presença do lúdico nessa fase tão importante para a criança. Por esse motivo, proponho a seguir algumas sugestões de jogos e brincadeiras envolvendo a aquisição da linguagem escrita.

Por este motivo, introduzir a ludicidade como via para facilitar a alfabetização poderá trazer bons resultados e estimular a criança neste processo tão complexo.

Dehane (2012), aborda pontos importantes da aquisição da leitura, ressaltando a alfabetização fonética. "Aprender a ler não é possível senão porque o cérebro da criança contém já, em grande medida, as estruturas neuronais apropriadas, sejam elas herdadas da evolução dos primatas, sejam elas o resultado de uma aprendizagem anterior."

Ressalto a importância de introduzir a ludicidade como via para facilitar a alfabetização, isto poderá trazer bons resultados e estimular a criança neste processo tão complexo.

Sugestões de atividades

1 Associação da letra com a figura: o professor deverá confeccionar fichas feitas de cartolina com as letras do alfabeto e com figuras respectivas à letra. Com essas fichas, o professor poderá propor brincadeiras conhecidas como: jogo da memória, dominó. As fichas servem para que a criança perceba o som da letra correspondendo às figuras. Após a associação, é interessante trabalhar com a sonorização das letras.

Obs: Os desenhos poderão ser feitos pelas próprias crianças ou poderão ser recortadas figuras de revistas, com logotipos conhecidos pelas próprias crianças.

Outra sugestão é confeccionar um tapete com as letras do alfabeto, que possibilitam vários jogos e brincadeiras.

A	B	C	D	E

F	G	H	I	J

K	L	M	N	O

P	Q	R	S	T
		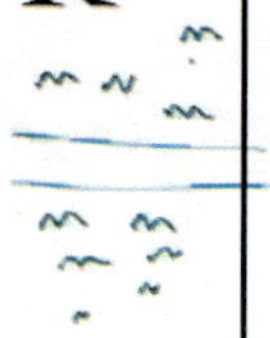		
U	V	W	X	Y
			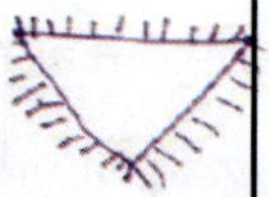	
Z				

2 O professor distribui as letras do alfabeto para as crianças e mostra uma figura. Posteriormente, a criança deverá montar a palavra de acordo com a figura mostrada pela professora. Exemplo:

L	E	Ã	O

3 Bingo: o professor distribui uma cartela com figuras e palavras. Ele sorteará a palavra ou a figura e a criança deverá associá-la, anotando em sua cartela a palavra correspondente à figura sorteada (pode-se variar palavra / figuras), dependendo da fase em que a criança se encontra.

Exemplo:

Estrela	**Dado**	**Sol**	**Lua**

Caixa com figuras: o professor deverá montar caixas, sendo que cada uma corresponda a uma letra do alfabeto. Dentro de cada caixa, deverão ter figuras ou objetos que iniciem com as respectivas letras. Assim, o professor poderá propor aos alunos que retirem um objeto de uma determinada letra e posteriormente escreva a palavra.

Exemplo:

Colocar figuras de objetos ou animais que iniciem com a vogal

A

4 Alfabeto Móvel: numa fase mais avançada, o professor distribui fichas com as vogais e consoantes e deverá propor aos alunos que, através da união dessas sílabas, formem palavras. É interessante, também, o trabalho com textos, recortes de revistas ou jornais.

Exemplo:

u	v	a

b	o	l	a

5 Com o alfabeto móvel, o professor poderá trabalhar com ordenação de sílabas e separação silábica. É importante que o professor permita o trabalho em grupo com a utilização das fichas de todos os participantes do grupo, sugerindo até formação de frases.

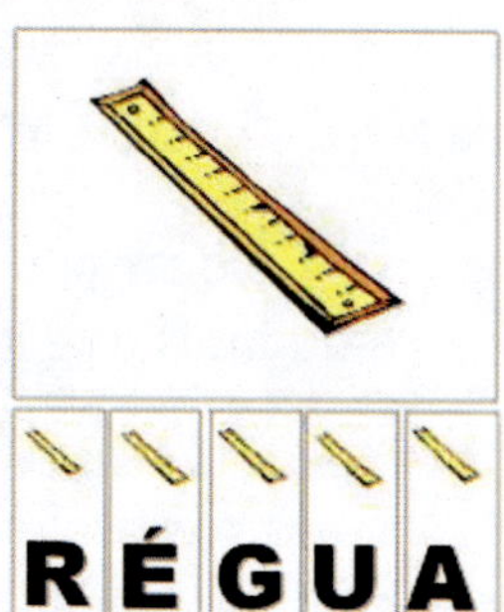

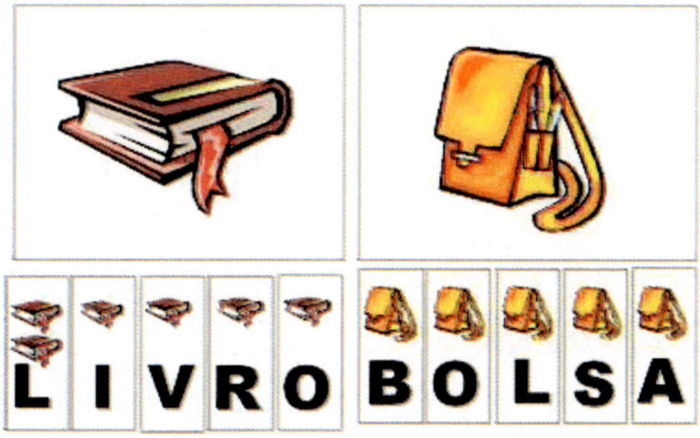

6 Com objetos simples, como garrafas plásticas, o professor colocará na frente de cada garrafa uma letra diferente e distribuirá para cada aluno palavras com as respectivas letras. As crianças deverão ler a palavra e colocá-la na garrafa correspondente à letra.

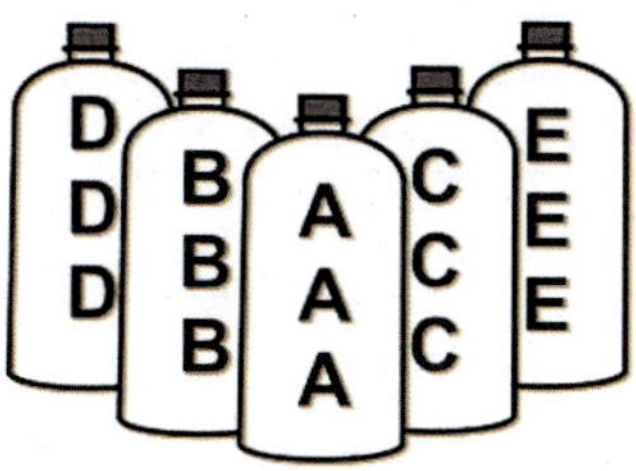

7 Com caixas de fósforo, o professor poderá criar um jogo muito interessante que desperte a curiosidade da criança. A frente de cada caixa, a professora fixará uma figura e dentro da caixa estarão as letras da palavra respectiva à figura. Ao retirar as letras, a criança deverá ordená-las formando a palavra.

8 Batata-quente: esta brincadeira poderá ser feita em diferentes conteúdos. O professor colocará em um saquinho várias palavras. O saquinho irá passando entre as crianças e ao sinal do professor, a criança que tiver com o saquinho deverá retirar uma palavra e ler em voz alta.

9 O professor deverá estimular a criança a inventar histórias através de uma figura ou de uma palavra selecionada. É importante que o professor estimule a criatividade da criança, através de um questionamento que desperte o interesse dela.

Exemplo: mostrar a figura de uma girafa. Abaixo segue uma história contada por uma criança de 4 anos e 6 meses. A história está sem modificações, encontra-se da mesma forma que a criança elaborou.

"Era uma vez uma girafa e um dia ela encontrou outra amiga daquela girafa. E um dia o pai da girafa amarela não encontrou ela. E a girafa amarela tinha um irmão e depois ela tinha outra irmã e os pais dela ficaram procurando a girafa amarela a noite inteira e até de dia. E ela tinha outra amiga girafa e depois ela tinha outra amiga girafa. Os pais andaram muito e ficaram bem cansados e encontrou a filha e todo mundo viveu feliz para sempre."

10 O professor deverá selecionar figuras de gibis, tiras ou gravuras de revistas e, através da observação destas figuras, deverá estimular verbalmente as crianças, questionando-as sobre a descrição das figuras, a interpretação e posteriormente favorecendo o registro de palavras, frases ou até mesmo de pequenos textos.

11 Selecionar uma figura ou uma palavra (para as crianças que tiverem no processo de alfabetização). O professor colocará a palavra em um chapéu e posteriormente em uma criança. Através de perguntas feitas pela criança que está com o chapéu e das respostas dos alunos, tentará descobrir a palavra.

Obs: a resposta dos alunos deve se restringir a sim ou não.

Exemplo:

- Sou animal?
- É um alimento?
- Sou humano?
- É doce?
- Começa com a letra S?

12 O professor deverá preparar fichas com figuras e palavras. Todas essas fichas deverão estar dentro de uma caixa ou de um saco escuro. O aluno sorteará a ficha, deverá ler a palavra e falar o número de letras.

13 Semáforo: O professor deverá confeccionar fichas amarelas, vermelhas e verdes. Em cada ficha, deverá ter uma palavra escrita. A dinâmica deverá ocorrer obedecendo às cores do semáforo. Uma criança sorteia uma ficha e, de acordo com a cor retirada, deverá obedecer às regras pré-estabelecidas anteriormente pelo professor:

- Cor verde: a criança lerá a palavra em voz alta;
- cor vermelha: a criança deverá parar e passar a ficha para um amigo, para que o mesmo leia em voz alta:
- cor amarela: a criança lerá silenciosamente, deverá falar a palavra no ouvido de outra criança, que deverá falar a palavra em voz alta.

Obs. Essa atividade poderá se tornar muito prazerosa, de acordo com o entusiasmo do professor.

14 Casa letrada: o professor deverá confeccionar uma pequena estrada, que no caminho deverão conter palavras. O objetivo desse jogo é chegar a casa, lendo as palavras do caminho. Poderá ser feita uma competição com dados e cada número tirado deverá corresponder às "casinhas" específicas de cada criança.

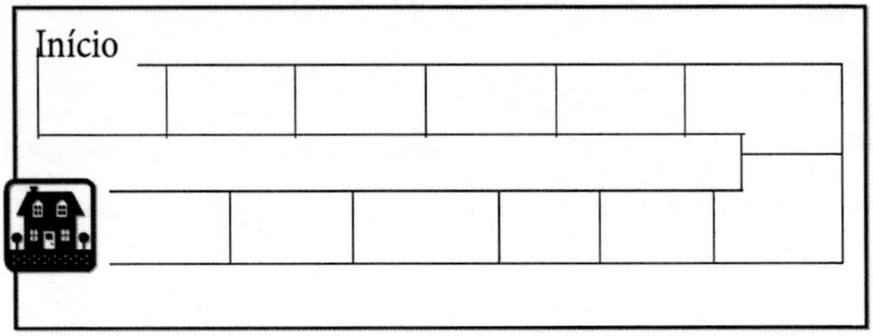

15 Telefone sem fio: o aluno retira a palavra, lê e passa para o amigo através de um sussurro no ouvido; o aluno que ouviu, deverá passar para o aluno seguinte e assim, sucessivamente, até chegar ao último que deverá falar em voz alta o que ouviu.

16 Colocar as crianças em coluna. O último escreve com o dedo uma letra nas costas do aluno da frente e este deverá tentar adivinhar qual foi a letra, através da percepção tátil.

17 Figura oculta: o professor deverá selecionar uma figura e escondê-la através de uma folha branca com algumas "janelas" (buracos). A seguir, deverá distribuir uma folha dividida em quatro partes para cada criança. O professor irá abrir uma janela de cada vez, permitindo que os alunos tentem descobrir a figura. A cada "janela", aberta o aluno deverá registrar qual a figura que está escondida. Após aberta as quatro partes, o professor poderá comparar e verificar quem acertou a figura oculta.

18 Mímica: o professor confeccionará fichas com palavras (ou figuras). A criança deverá retirar uma ficha e fazer a mímica, representando a palavra. As crianças deverão adivinhar a mímica.

19 Colocar uma música. Ao sinal, o professor para a música e o aluno escreverá ou desenhará a última palavra que ouviu.

20 Como terminar a música/filme ou história? O professor colocará uma música, um filme ou poderá narrar uma história. A um determinado ponto, o professor interrompe a história e a criança deverá continuar verbalmente, como imagina o seu final.

21 Fantoches: é importante explorar com a criança o manuseio de fantoches, que poderão ser confeccionados com meias, sacos de papel. O professor poderá falar palavras que deverão ser incluídas na história, estimulando a criatividade da criança. Ou também o professor poderá contar histórias com fantoches, uma sugestão é avental ilustrado que desperta muita curiosidade nas crianças.

22 Sonoplastia: o professor conta uma história e as crianças reproduzem o som de objetos, conforme as palavras ditas por ele. Posteriormente, a criança poderá reproduzir a história, também através de desenhos. Exemplo:

Joana era uma menina muito risonha e adorava rir (as crianças deverão rir). Ela tinha um gatinho (as crianças imitarão o som do animal) que chamava Tico...

23 Frase enigmática: o professor propõe frases com enigmas e as crianças deverão escrever o nome da figura.

A  é azul.

A casa é azul.

24 Brincadeira da família brasileira: o professor diz cada estrofe abaixo e as crianças repetem cada uma. Poderá variar a regra "Só irão bater palmas quando a professora disser: nomes de frutas, animais, somente palavras que iniciam com as vogais."

"Vai começar a brincadeira
Da família brasileira
Só bate palmas quando o professor
Falar palavras que iniciem com consoantes."

Bala (a criança bate palmas)
Cachorro (a criança bate palmas)
Avião (a criança não deve bater palmas)

25 Jogo de palavras: o professor distribuirá palitos de sorvete ou de fósforo e as crianças formarão palavras com os palitos, livremente ou de acordo com a denominação do professor.

26 Jogo das palavras Este jogo é uma réplica de um programa de Televisão, do Sistema Brasileiro de Televisão. O professor elabora algumas perguntas, pertinentes à faixa etária da criança e a mesma deverá escolher a resposta correta.

Exemplo: Qual palavra possui a consoante f?

1. Batata
2. Tomate
3. Foca
4. Maleta

Obs. A criança deverá escolher um dos itens ou então, solicitar auxílio:

a) dos amiguinhos

b) das cartas: a criança retirará uma carta que dará direito a eliminar algumas alternativas;

c) pular a questão.

Em cada item de ajuda, a criança poderá ter apenas uma chance, ou as regras poderão ser adaptadas de acordo com o objetivo do professor.

27 Prendedor de roupa: nos prendedores de roupa, o professor registrará uma letra com a qual a criança deverá formar palavras.

Exemplo:

t	o	m	a	t	e

28 Baralho: o professor poderá confeccionar cartas com sílabas e letras e estabelecer um jogo com as cartas: formar palavras, descobrir enigmas, formar pares com as cartas iguais.

29 Forca: esta brincadeira consiste em descobrir palavras através da colocação das letras. Uma criança ou o pro-

fessor escolhe uma palavra que, posteriormente, deverá ser completada por letras ditas pelas crianças do grupo. A cada erro, o professor irá montando o corpo humano através de suas partes. Vence a criança que descobrir primeiro a palavra sem ter completado o corpo humano.

Exemplo: ___ A L ___ ____ ____ (baleia)

30 Escolher uma história e representá-la através do material concreto: o professor distribui fichas com algumas palavras pré-determinadas. Com estas palavras, a criança deverá criar uma história que as contenha.

Exemplo: batata, tomate, fada, etc.

A história deverá conter as palavras descritas acima.

Variação: o professor poderá dar os personagens: fantoches, máscaras, etc.

31 Desenhar começo, meio e fim: esta atividade deverá estimular a criatividade da criança e a percepção temporal. O professor inicia contando uma história e a criança deverá dar continuidade verbalmente. O professor poderá variar, solicitando que a criança diga como iniciou a história, o que vai acontecer ou crie um novo acontecimento formando uma outra história.

32 O professor conta uma história para as crianças e, em um pedaço de papel, a criança deverá desenhar uma parte da história e o amiguinho deverá dar continuidade.

Cada criança deverá criar um símbolo para seu nome e depois o professor poderá fazer o bingo humano:

Renata	

33 Criar o maior número de palavras, utilizando as combinações das sílabas determinadas pelo professor ou recortadas de revistas.

34 Jogo da velha, utilizando símbolos, palavras ou letras;

bo	ba	bo
ba	ba	bo
bo	ba	ba

35 Fazer círculos ou quadrados no chão com sílabas ou letras e o professor sorteia um desafio:

BA	LA	FA	MA	RA

Ex: é a primeira sílaba da palavra bala. A criança deverá descobrir e entrar dentro do círculo.

36 Pintar figuras de acordo com a legenda:
Bala = amarelo   Dado = azul

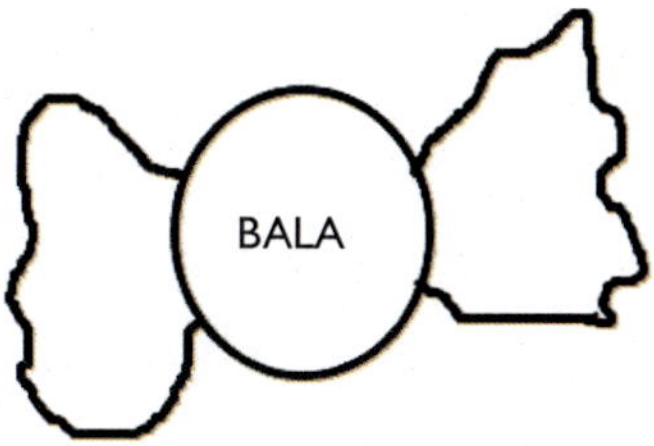

37 Roleta: fazer uma roleta com palavras. A criança deverá girar a roleta. Ao parar por exemplo na palavra bala, ela deverá identificar a palavra e posteriormente formar uma frase.

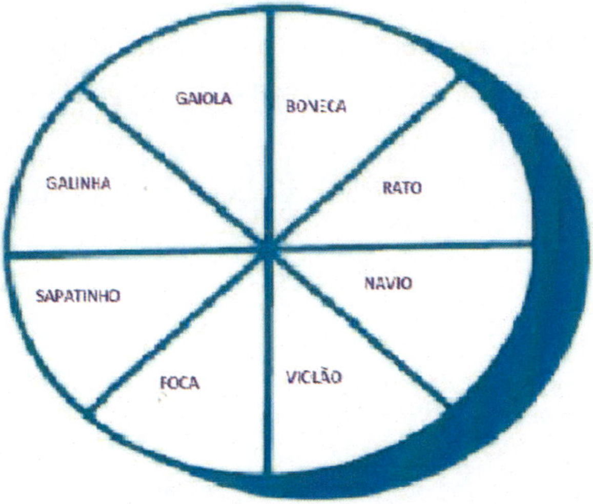

38 Escrever a letra inicial que está sendo estudada, num pedaço de cartolina e, colocá-la no centro da mesa. Ao longo da semana, as crianças podem trazer objetos de casa que comecem com o som da letra e colocá-los na mesa. Os objetos deverão ser etiquetados com o nome.

39 Levante a mão: com um pincel atômico, desenhe a letra que está sendo estudada na mão de cada criança. Converse com elas, explicando que toda a vez que ouvirem uma palavra começada com o som estudado, deverão levantar a mão.

40 Móbiles: cortar em tamanho gigante a letra que está sendo estudada. As crianças desenharão figuras cujos nomes começarem com o som da letra (ou que tenham o som da letra) e colocarão na letra, que será pendurada na classe.

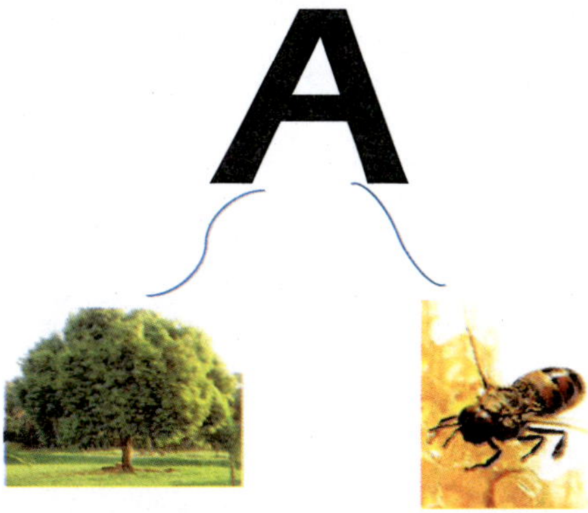

41 Letras no chão: fazer um caminho no chão com o contorno de letras e as crianças poderão andar sobre e dirigir carrinhos e caminhões.

42 Indo a um piquenique: levar somente coisas que iniciem, por exemplo, com b.

43 Cada criança deverá desenhar uma figura humana que a represente e escrever seu próprio nome. Esses nomes deverão ser guardados num envelope. Ao chegar à sala de aula, as crianças deverão procurar seu nome no envelope e colocá-lo na lousa.

44 Rótulos e fichas com letras: fazer um cartaz tipo bolso e os rótulos de diferentes produtos devem ser organizados de acordo com a letra.

Ovos	Sabonete
O	S

45 Fichas de peito: o professor distribui fichas com sílabas diferenciadas para as crianças. Cada criança colocará a ficha no pescoço (poderá ser pendurada com barbante). A um sinal, o professor falará uma palavra e as crianças que tiverem com as sílabas respectivas deverão levantar-se e formar a palavra.

Exemplo:

BA	LA

46 Amarelinha (com letras e números): a tradicional amarelinha é um grande divertimento para todas as crianças. Para a atividade de alfabetização, o professor poderá substituir os numerais por sílabas e a cada sílaba que a criança passar, deverá identificar e falar uma palavra com a mesma.

7.3 MUSICALIZAÇÃO

É sabido por todos a influência que a música tem na vida das pessoas. Desde cedo, a criança está cercada de sons e da música propriamente dita, seja uma canção de ninar ou até mesmo uma música que os pais apreciam. É comum vermos crianças pequenas cantando e imitando artistas em programas de TV ou em casa.

Quando a criança ingressa na escola, já conhece e canta músicas populares ou ensinadas pelo adulto.

Em qualquer idade, as pessoas apreciam músicas de diferentes gêneros e estilos. Talvez, por este motivo, professores de cursos pré-vestibulares criam músicas com o intuito dos alunos fixarem, assimilarem e associarem fórmulas e conceitos. A simples atividade de cantar uma música proporciona à criança o desenvolvimento de uma série de aptidões (ritmo, percepção auditiva, noção de espaço/tempo) importantes.

O estímulo sonoro e musical favorece significadamente a sensibilidade dos alunos. Celso Antunes (1999) retrata que as crianças necessitavam "aprender a ouvir", identificando sons, percebendo suas nuanças, reconhecendo sua lateralidade, procedendo-se a diversas classificações quanto à sua origem e à sua intensidade.

> *"A educação musical proporciona a vivência da linguagem musical como em dos meios de representação do saber construído pela interação intelectual e afetiva da criança com o meio ambiente." (Rosa,1990)*

As atividades musicais auxiliam a criança no desenvolvimento da linguagem, pois a música é uma linguagem expressiva e as canções despertam emoções e sentimentos, e podem fazer com que a criança reconheça nelas seu próprio sentir.

A linguagem musical pode ser um dos meios para se alcançar a qualidade na educação, e os bons resultados no ensino da música serão alcançados pela adequação das atividades, pela postura reflexiva e crítica do professor, facilitando a aprendizagem, propiciando situações enriquecedoras, organizando experiências que garantam a expressividade infantil. O educador deve propor para a criança diferentes situações de aprendizagem, entre elas, as que envolvem a música.

Sugestões de Atividades

1 O professor deverá pedir às crianças que observem as batidas do coração e o tique–taque de um despertador, entre outros objetos que produzem sons.

2 As crianças deverão fazer diferentes tipos de sons utilizando partes do corpo: batendo palmas, batendo os pés, batendo as mãos nos cotovelos.

3 Cada criança deverá falar seu nome cantando.

4 A criança deverá repetir a atividade anterior com as palmas.

5 As crianças deverão fazer um eco rítmico: um grupo marca o ritmo com palmas ou batendo sobre a mesa e o outro grupo repete.

6 As crianças deverão abrir e fechar os olhos alternadamente, acompanhando cada abrir e fechar de olhos com palmas.

7 Cada criança deverá correr, pular, dar saltos e gritar, acompanhando o ritmo de uma música.

8 As crianças deverão escutar sons voluntários e involuntários do corpo: mastigar, chupar líquido pelo canudinho, bater palmas, estalar os dedos, estalar a língua, bater os pés, espirrar, tossir, fazer xixi.

9 As crianças deverão escutar sons do meio ambiente: porta batendo, campainha, água saindo da torneira, tesoura cortando papel.

10 As crianças deverão escutar sons da natureza: chuva, vento, cachoeira, gato miando, cachorro latindo.

11 As crianças deverão escutar sons de diferentes objetos: relógio, bola pulando, chocalho, sinos.

Obs: A cada atividade, o professor pode variar, por exemplo solicitando que a criança descubra o som e desenhe-o. Poderá ser vendado os olhos da criança e a mesma, através do tato e do som deverá descobrir o objeto ou instrumento musical, entre outras variações.

12 O professor poderá mostrar uma figura e solicitar que a criança faça o som que represente a figura.

13 O professor escolhe uma música e distribuirá uma folha de papel para cada criança. Ao som da música o professor dará a instrução para que as crianças repitam os gestos:

amassar e desamassar o papel conforme a mudança de ritmo da música.

14 As crianças devem confeccionar objetos que produzam sons (oferecer papel, grãos, latinhas com tampa, tampinhas de garrafa, botões, pedaços de madeira).

15 Imitar sons de objetos, instrumentos e máquinas, tais como sino, motorzinho do dentista, motocicleta ou avião.

16 O professor vendará os alunos e estes falarão seu nome. As outras crianças deverão dizer se a voz é de menino ou menina, e o nome da criança que falou.

17 O professor deverá solicitar que as crianças inventem músicas em momentos inesperados. Posteriormente as músicas que elas inventaram poderão ser utilizadas espontaneamente na sala de aula, no recreio, em passeios e excursões.

18 Propor que as crianças desenhem enquanto ouvem música popular, clássica, folclórica ou infantil.

19 Lembrar uma melodia conhecida e solicitar que as crianças criem uma letra nova para a canção.

20 Propor que as crianças conversem cantando, criando diálogos cantados.

21 O professor colocará uma música conhecida ou desconhecida e apresentará apenas uma estrofe. Ao parar a música, os alunos deverão completá-la da forma que quiserem. Poderá variar pedindo que as crianças desenhem a figura que representa o término da música.

22 Pedir que as crianças dramatizem um tema com variação de andamento como, por exemplo: carro de corrida (rápido), carro comum (normal) e carroça (lento).

23 Separar as crianças em grupos. Cada grupo imagina e dramatiza três temas em que ocorram os três andamentos.

24 O professor deixará que os alunos percebam o andamento das músicas, pedindo que acompanhem a melodia batendo palmas, batendo os pés no chão ou batendo bola.

25 O professor cantará uma música e proporá que os alunos cantem-na em diferentes tipos de vozes e entonações (imitando um lobo, uma velhinha, bem grosso, bem alto). O professor poderá também omitir partes da música incluindo gestos.

26 Cada grupo deverá escolher um objeto e criar uma música para o objeto escolhido.

27 O professor mostrará uma figura e o grupo deverá criar uma música para a figura apresentada.

28 O professor dará a letra de uma música desconhecida para cada grupo e o mesmo deverá desenvolver técnicas diferentes para cantar a música, criando novas melodias.

29 O professor dará uma letra de música para cada grupo e o grupo deverá desenvolver uma história sobre a música.

30 O professor deverá criar uma história e as crianças farão a sonoplastia .

Exemplo: Certo dia vi um gato (miau) na rua.

31 O professor irá propor que as crianças contem até 10 de diferentes maneiras (cantando, batendo palmas, de trás para frente, etc.).

32 O professor irá colocar uma música para que as crianças ouçam e no decorrer da música, as crianças deverão desenhar, representando seus sentimentos.

33 O professor irá distribuir diferentes materiais para que as crianças produzam sons com eles (papel celofane, lápis, latas).

Como ensinar a letra de música para a criança:

a) explicar a letra da canção. Poderá ser contado uma história que contenha algum personagem da música;

b) cantar a canção inteira;

c) começar a ensinar a canção por pequenos trechos, cantando quantas vezes for necessário. Pedir que as crianças repitam cada trecho, até memorizarem a canção inteira;

d) fazer a correção de uma forma adequada, considerando a capacidade de cada aluno;

e) dar espaço para a expressão da música, deixando a criança cantar livremente e individualmente;

f) trabalhar a canção associada a outras atividades, como: desenho, pintura, modelagem, história, dramatização, jogos, rodas cantadas.

Músicas

1 - Lé com Lé (bater os pés)
Cré com cré (bater nas pernas com as mãos)
Um sapato em cada pé (fazer mão direita / esquerda / bater palmas e bater os pés)
Obs. atividade corporal

2 - Joaninha é baixinha
arrasta a saia pelo chão, pelo chão
ela é meu bem, ela é meu bem
se ela canta bem alto
eu vou cantar também
Obs. cantar baixo, grosso, fininho...

3 - O jipe do padre fez um furo no pneu
O jipe do padre fez um furo no pneu
Consertamos com chiclete
Obs. trocar as vogais, colocando apenas uma vogal em específico;
Vogal a: a japa da padra faz a fara na pnaa.

4 - Da Noruega distante veio esta canção
Cante o cuco uma vez
Preste bem atenção
Tiri a a a ô Cuco
Obs. cantar o cuco duas, três, quatro vezes.

5 - A minha boneca de lata
bateu a cabeça no chão
demorou mais de uma hora pra fazer a operação
Desamassa aqui, desamassa ali,
Prá ficar boa
Obs. bateu o pescoço, demorou duas horas
bateu o ombro direito, demorou três horas
bateu o ombro esquerdo, demorou quatro horas...

6 - Prá entrar na casa do Zé
tem que bater o pé
bate o pé
Pra quê?
Prá entrar na casa do Zé
Ê ê a agora já posso entrar
Obs. bater palmas, dar beijinhos.

7 - Vou ensinar a letra
vou ensinar a letra
pé de cana é caneta
pé de bucho é bochecha
no samba da tiririca oi
pimenta, pitanga, pipoca e pipa

8 - O foguete vai subindo,vai
vai levando o astronauta, vai
quero ver bem de pertinho
o sol brilhando na imensidão
quero ver se a estrelinha

cai, aqui na minha mão
9 - Roubaram o crocodilo
orangotango, as duas serpentinhas
a águia real, o gato, o rato, o elefante
não sobrou ninguém, só se viam
os dois pequineses.

10 - Maomé era um sheik
Que fazia bolinho quente
No mercado em Bagdá
Se ao invés de bolinho
Fizesse pãozinho
Ficaria riquinho e voltaria para lá

11 - Como vai companheiro, como vai?
Como vai companheiro, como vai?
Faremos o possível para sermos bons amigos
Como vai companheiro, como vai?

12 - Sai, sai, sai ô piaba
Saia da lagoa
Põe uma mão na cabeça
A outra na cintura
Dá um remelexo no corpo
Dá um abraço no outro
Obs. variar trocando as partes do corpo

13 - Eu tenho uma casinha
Assim, assim, assim
E bato na portinha
Assim, assim, assim,
Engraxo meu sapatinho
Assim, assim, assim,
E pela chaminé sai uma fumacinha
Assim, assim, assim
Obs. variar substituindo os substantivos pelos graus normal e aumentativo.

14 - Jack na cozinha com Tina
Jack na cozinha com Tina
E tocava o seu velho bem jon
Blon Blon Blon Blon Flin Flain Flin Flun

15 - Lá no circo tem
a noite os trapezistas,
palhaços engraçados
e mais de mil artistas.
Mas o melhor de tudo
E o mais interessante
O mais interessante
É a orelha do elefante
Que orelha bonita
Que orelha elegante
Variar: a pata do elefante
o rabinho do elefante, etc.

16 - Raich Raich
Tche tche co rê...
Tche co risa...
Lisa lisa mandiê
Di mandiê diê
Obs. imitar padre, voz grossa, fininha, alta, baixa.

17 - Quando Fernando Sétimo usava paletó (2x)
paletó, usava paletó
Obs. trocar as vogais, pela letra a, e, i, o, ou u.

18 - Ca aaa Ca aaa
eu vim te perguntar
como é que a cobra
sobe no pezinho de limão
A cobra não tem pé
a cobra não tem mão,
como é que a cobra sobe
no pezinho de limão
estica, encolhe
seu corpo é todo mole
estica, encolhe,
seu corpo é todo mole
como é que a cobra sobe
no pezinho de limão

19 - Seu Lobato tinha um sítio
ia ia ô
e no seu sítio tinha uma
vaquinha ia ia ô
era mumu pra lá
era mumu prá cá
era mumu pra todo lado
ia ia ô
Obs. substituir a vaquinha por outros animais

20 - O sapo, o sapo
na beira da lagoa
não tem, não tem
rabinho nem orelha
ua quá ua quá
ua quá quá

7.4 EXPRESSÃO CORPORAL

Atividades que envolvam o corpo e a expressão corporal precisam ser muito bem analisadas e aplicadas com muito cuidado na Educação Infantil. Nessa faixa etária, a criança está descobrindo seu corpo e ainda não consegue dominá-lo completamente.

É comum, observarmos crianças pequenas dançando, ou pelo menos balançando o corpo quando ouvem uma música. Há um incentivo dos próprios adultos, querendo que a criança mostre suas habilidades a todos.

Os pais colocam as crianças pequenas em inúmeras atividades esportivas, sem considerar as limitações que elas possuem. Querem que seus filhos tornem-se grandes jogadores de futebol ou ginastas, por exemplo. Particularmente, não aconselho atividades pré-esportivas nesta idade.

Na fase até os 6 anos, a criança necessita de atividades lúdicas, envolvendo o corpo que:

- façam-na descobrir as partes de seu corpo e suas funções;
- envolvam-na no trabalho de coordenação motora, lateralidade, equilíbrio...

A criança fica encantada quando o professor propõe atividades que envolvam a movimentação, gestos e contato físico com outras crianças. De acordo com os Referencias Curriculares de Educação Infantil, as atividades físicas devem ter os seguintes objetivos:

- permitir a expressão das emoções;

- oferecer um caminho para as trocas afetivas;
- facilitar a comunicação;
- sustentar a percepção;
- sustentar a reflexão mental;
- sustentar a expressão das ideias;
- apoiar a construção do sujeito;
- possibilitar a exploração do mundo físico e o conhecimento do espaço.

Diante desses objetivos é necessário que o professor proponha atividades que despertem o interesse e o prazer das crianças. Atualmente, algumas escolas de Educação Infantil não possuem um profissional da área de Educação Física para ministrar as aulas, assim, fica a cargo do professor de sala aplicar as atividades, que muitas vezes são deixadas em segundo plano por esses professores. Infelizmente, alguns professores de Educação Infantil acreditam que as aulas que envolvem o corpo são importantes apenas para os ensaios de Festas de Final de Ano, ou então, são substituídas por ensaios constantes de coreografias para comemorações como dia das mães, pais, etc.

Abaixo, seguem algumas sugestões de atividades corporais:

1 A criança deverá andar pelo espaço em diferentes ritmos.

2 As crianças deverão andar em dupla, unindo diferentes partes do corpo, de acordo com a ordem do professor (ombro com ombro, joelho com joelho).

3 Andar pelo espaço e, ao sinal do professor, as crianças deverão unir-se com os comandos determinados (4 joelhos, 5 pés).

4 Espelho: reunir as crianças em duplas e cada uma terá uma determinação para ser o espelho e o amigo deverá imitá-la. Poderá ser feito com gestos, com fisionomias faciais ou até mesmo utilizando o corpo inteiro.Uma criança realiza gestos e o amigo irá imitá-la.

5 Dança do jornal: espalhar folhas de jornais pelo chão de acordo com o número de crianças. Ao iniciar a música, as crianças irão dançar e correr em volta das folhas de jornais. Quando a música parar, as crianças irão sentar no jornal. O professor indicará diferentes partes do corpo: colocar somente os cotovelos, o bumbum, os joelhos.

Obs. esta brincadeira é semelhante à tradicional dança da cadeira.

6 Desenho fantasma: o professor colocará uma música e as crianças farão um desenho em uma folha de papel, com giz de lousa. Após a execução do desenho, a criança tentará apagá-lo com os pés. Dependendo da faixa etária e do local, o desenho poderá ser feito no próprio chão.

7 Bingo humano: esta brincadeira é importante para as crianças que estão iniciando a fase da alfabetização. O professor distribuirá uma cartela com, mais ou menos, 8 espaços. Ao sinal, as crianças deverão pedir aos amiguinhos que escrevam seus nomes na cartela. Após preencher a cartela com os oito nomes escolhidos pela própria criança, o professor irá sortear nomes, que deverão ser

anotados na cartela. Vencerá a criança que registrar corretamente todos os nomes e, consequentemente, marcar todos os nomes da cartela, ou seja, fizer o bingo.

8 Nó humano: esta atividade requer concentração das crianças. Deverá ser realizada com crianças de 5 a 6 anos. Todas as crianças deverão se unir e, cada uma deverá pegar a mão de dois amiguinhos diferentes. Nesse momento, formará o nó. O objetivo desta atividade é que as crianças façam um círculo, sem soltar as mãos.

9 Bola ao túnel: as crianças deverão fazer duas colunas e manter as pernas abertas, por onde passará a bola. A última criança deverá pegar a bola e deslocar-se para o início da coluna, repetindo a operação.

10 Bambolês: utilizando os aros, mais conhecidos como bambolês, o professor poderá propor diversas atividades, como corrida com os aros nos pés; pular dentro e fora dos aros; solicitar que entrem dentro dos aros um determinado número de crianças, associando com os numerais; solicitar que coloquem uma determinada parte do corpo dentro dos aros, como: cotovelos, somente os joelhos, apenas quatro pés, etc.

11 Mia gatinho: esta brincadeira consiste em fazer com que as crianças desenvolvam a memória auditiva. Todas as crianças deverão sentar-se no chão, em círculo, sendo que uma estará com os olhos vendados e deverá descobrir qual foi a criança que imitou um gatinho. As crianças recitarão a poesia a seguir:

Sr. Caçador, preste bem atenção

Não vá se enganar quando o gato miar

Mia gatinho (neste momento uma criança deverá miar)

Obs. caso a criança erre ou acerte, todos deverão recitar:

Sr. Caçador, ele prestou atenção

Ele acertou quando o gato miou

Sr. Caçador, ele não prestou atenção

Ele errou quando o gato miou

12 Tirar os tênis e depois colocá-los: esta atividade desperta na criança o fato de aprender a colocar seus tênis, e também, amarrá-los. O professor poderá propor competições para ver quem consegue colocar seus tênis primeiro. Poderá ser feito também, com blusas: abotoar, fechar o zíper, etc.

13 Etiquetas: cada criança receberá etiquetas que deverão ser colocadas no amigo (formar duplas). Esta atividade requer da criança muito cuidado ao colocar as etiquetas e, posteriormente, retirá-las sem machucar o amigo. Desenvolve na criança a percepção tátil e o contato físico com o outro.

14 Atividade com luvas (o objetivo desta atividade é desembrulhar a caixa utilizando as luvas). O professor embrulhará uma caixa de sapatos com jornal. Uma determinada criança jogará um dado que, ao cair no numeral 6 (seis), deverá colocar um par de luvas e tentar desembrulhar a caixa num determinado tempo. Após o término desse tempo, outra criança fará o mesmo procedimento.

15 Desfiles de roupa de jornal: o professor distribuirá folhas de jornal para as crianças, que deverão estar divididas em duas equipes. Cada equipe deverá escolher uma criança para ser enfeitada com jornal, posteriormente será feito um desfile.

16 Barra-manteiga: tradicional brincadeira infantil, é um divertimento para todas as crianças. O professor dividirá o grupo em duas equipes que deverão estar em fileiras uma de frente para a outra, com uma das mãos estendidas para frente. Uma determinada criança, escolhida pelo grupo ou pelo professor, estará no centro dessas duas fileiras. A criança escolhida deverá escolher uma outra criança (que estará na fileira) e bater em sua mão. Esta, deverá sair correndo para tentar alcançá-la, antes que ela chegue até a outra extremidade. Caso consiga, deverá ser substituída para o centro das duas fileiras.

17 Elefantinho colorido: uma criança recitará a seguinte poesia para as outras:

Elefantinho Colorido

Qual cor? (dirá o grupo)

Cor Azul (nesse momento todos os alunos deverão tocar algum objeto que possua a cor determinada).

18 Andar sobre uma corda, um banco ou uma linha demarcada no chão. Esta atividade requer o equilíbrio do grupo.

19 História doce e salgado: duas fileiras uma de costas para o outra. Uma coluna será doce e a outra salgado. O professor contará uma história e ao dizer algum alimento doce, essa turma deverá pegar a outra, enquanto que deverá fugir.

Esta atividade desenvolve a percepção auditiva e agilidade.

20 Bilboquê: feito com garrafa de refrigerante e uma bolinha de isopor presa com um barbante. Trabalha e desenvolve a coordenação motora. O objetivo deste brinquedo consiste em colocar a bolinha dentro da garrafa.

21 Uso de petecas: A tradicional peteca é um objeto muito divertido para ser jogado com as crianças.

22 Recortar de revistas figuras humanas em diferentes movimentos. O professor deverá mostrar a figura e a criança deverá imitar.

23 O professor deverá colocar as crianças num círculo e passar uma boneca. Cada criança deverá beijar a boneca num determinado local. Após todos terem feito esse procedimento, o professor dirá que as crianças deverão beijar o amigo do lado no mesmo local em que beijou a boneca.

24 Empilhar caixas: o professor deverá distribuir muitas caixas de sapatos ou de fósforos, en-

capadas com papel colorido. Num determinado sinal, a criança deverá empilhar o maior número de caixas, sem derrubá-las.

25 Massa de modelar / argila: o professor deverá distribuir massa de modelar e deixar que as crianças criem diferentes objetos com a massa. Dependendo da possibilidade, é muito interessante preparar a massa com a criança.

Receita:

4 xícaras de farinha de trigo

2 xícaras de água

1 xícara de sal

anilina doce ou gelatina em pó.

Misturar tudo muito bem até a massa ficar homogênea. Colorir com anilina doce. Guardar em sacos plásticos ou potes bem fechados. Movimentar a massa todos os dias para evitar a formação de partes duras. Essa massa pode durar até uma semana.

26 Tangran: jogo chinês formado por figuras geométricas. Desenvolve o raciocínio lógico.

27 Desenhar diferentes quadrados no chão e, ao sinal, as crianças deverão entrar dentro do quadrado. Diminuir o número de quadrados e no final todos deverão ficar dentro de um único quadrado;

28 Tartaruga: a tradicional brincadeira do pega-pega, mas a criança para não ser pega deverá deitar no chão igual a tartaruga

29 Rabinhos: o professor distribuirá tiras de jornal (simulando rabinhos de algum animal). A criança colocará as tiras em sua roupa. O objetivo do jogo é pegar o maior número de rabinhos, protegendo o seu próprio.

30 Duro ou mole americano: a tradicional brincadeira de pega–pega e quando a criança for pega deverá ficar imóvel com as pernas abertas. Para ser "livre", uma outra criança deverá passar por baixo de suas pernas, deixando-a livre para continuar a brincadeira.

31 Descobrir o amigo através do tato: o professor tampará os olhos de uma criança que descobrirá quem é o amigo, apenas através do tato. Poderá variar a brincadeira, descobrindo o amigo através da voz (percepção auditiva).

32 O galo e a galinha: dividir em duas colunas as crianças, fazendo uma coluna de meninas (que representarão as galinhas) e uma de meninos (que representarão os galos). O professor escolherá um casal de crianças, que deverá passar entre as colunas, cantando a seguinte música:

O galo e galinha foram à festa em Portugal
O galo foi de shorts e a galinha de avental
Refrão: É de frente prá frente
É de trás prá trás

No momento do refrão, a menina deverá parar de frente para outra menina e o menino escolherá um outro amigo. Ao parar em frente dos amigos, as crianças deverão fazer gestos que serão imitados pelos amigos. Repete-se o mesmo procedimento com outras crianças.

33 Passa-anel: tradicional brincadeira, onde o objetivo é uma criança descobrir com quem está o anel, que foi deixado nas mãos de outra, através das mãos justapostas.

34 Gangorra-humana: com as mãos dadas e os braços esticados, em duplas, as crianças farão o movimento de uma gangorra.

35 Toca do coelho: em dupla, as crianças darão as mãos, formando uma toca. Dentro de cada toca deverá estar uma criança, que será o coelho. A um determinado momento, o professor dirá: "Coelhinho sai da toca" e as crianças (que estarão dentro da toca) deverão trocar de lugar.

36 O professor deverá preparar cartões com diferentes fisionomias e as crianças deverão imitá-las: sorrindo, chorando, etc.

37 -Bexigas: atividades que utilizem bexigas são muito importantes para a criança. Com a bexiga, o professor poderá criar diferentes brincadeiras: dançar equilibrando a bexiga, encher e esvaziar, sentindo o ar, etc.

38 Labirinto desenhado no chão: o professor desenhará no chão, com giz de lousa ou fita adesiva, um caminho, formando um labirinto e as crianças deverão encontrar o caminho determinado, passando dentro do labirinto.

39 Teatro de sombras: as crianças apreciam muito esta atividade, que deverá ser realizada em uma sala escura, que tenha pouca luminosidade, para que possa dar o efeito da sombra.

Esquilo

Lebre

Borboleta

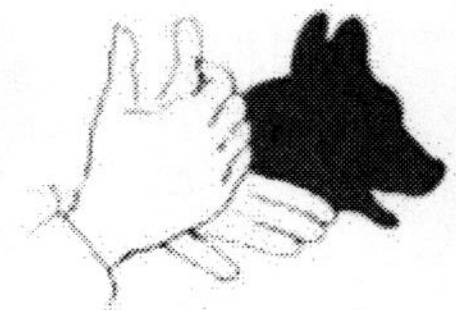
Cão

Cabra

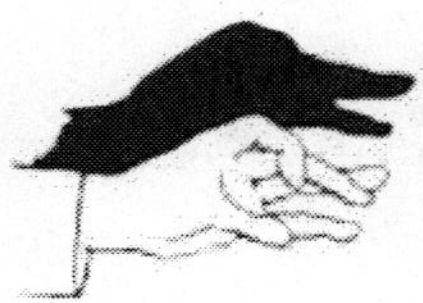
Ganso

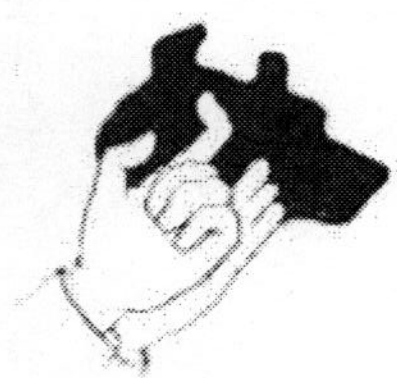
Boi

Burro

Lobo

Elefante

40 Dominó-humano: o professor distribuirá cartazes (representando uma peça do dominó) para cada criança. Os cartazes deverão ser pendurados ou fixados na criança. Ao sinal, as crianças deverão montar o dominó. Este dominó poderá ser feito com figuras, formas geométricas, etc.

41 Dobradura: o trabalho com papel, conhecido milenarmente como origami, desenvolve na criança muitas habilidades, entre elas: a percepção, a coordenação motora e a criatividade. Existem no mercado inúmeros livros que trazem sugestões para realizar a dobradura. Abaixo seguem algumas ideias.

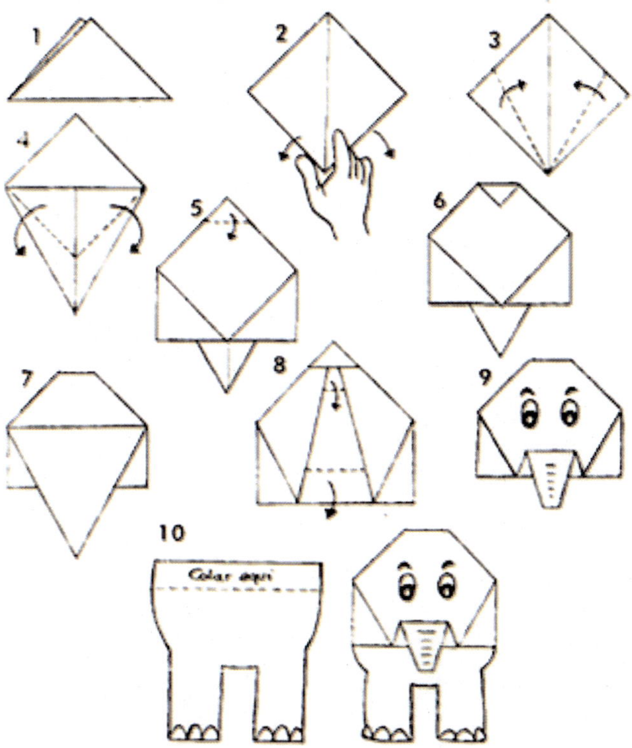

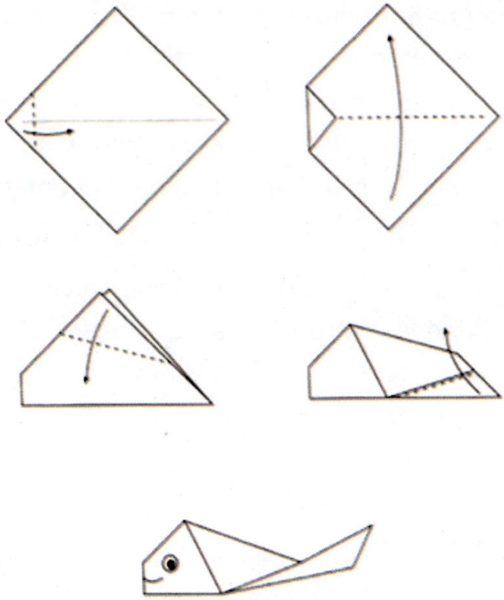

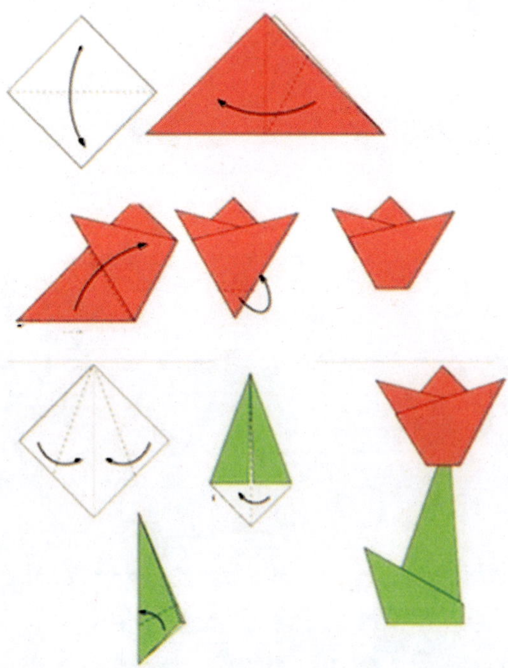

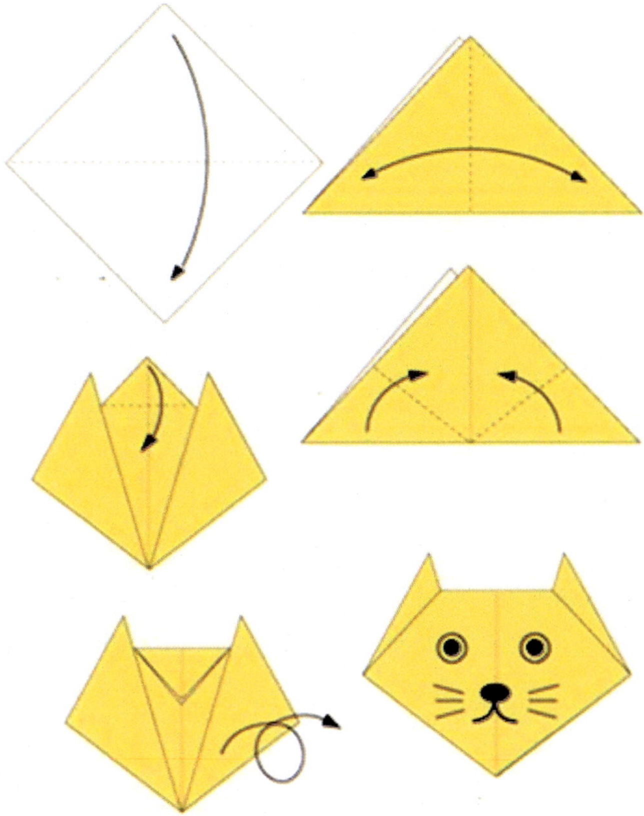

42 Jogar dados grandes: o professor preparará um dado grande que, ao ser jogado à criança deverá representar a figura que está fixada no dado. Poderão ser colocadas diferentes fisionomias: pessoas fazendo diferentes movimentos, animais que poderão ser imitados, sílabas, para que as crianças digam palavras que iniciem com as mesmas, etc.

43 Virar do avesso suas vestimentas: o professor proporá às crianças que vistam-se, coloquem suas roupas do avesso e abotoem suas blusas, num determinado tempo.

44 Calçar a cadeira com os olhos vendados: o professor solicitará a uma criança, que coloque sapatos na cadeira, mas a criança escolhida deverá estar com os olhos vendados e deverá ser direcionada por outra, que dará as instruções: para frente, para direita, esquerda.

45 Caranguejo: as crianças imitarão animais. Farão corridas de acordo com as características dos animais, imitando uma girafa (elevar os braços, na ponta dos pés), imitar um caranguejo (agachar e andar para trás e de lado), um sapo (pular), etc.

46 As crianças deverão andar em duplas com os cadarços amarrados, equilibrando-se para que consigam dar o maior número de passos possível.

47 Marcha de jornais: em grupos de quatro crianças, cada aluno receberá duas folhas de jornal e aguardará a largada atrás da linha de saída. Ao sinal de partida, porá uma das folhas no chão e andará sobre ela, colocando a próxima folha.O movimento consiste em colocar a outra folha adiante, dar um passo sobre ela e pegar a outra folha que ficou para trás. Não é permitido sair de cima das folhas. Quem pisar no chão estará desclassificado.

Objetivo: coordenação motora ampla, orientação espacial e temporal

Obs. não é permitido colocar as folhas de forma inadequada. A criança que cruzar o caminho da outra também estará desclassificada.

48 Corrida de carrinho de mão: unir pai e filho ou duas crianças para fazer o tradicional carrinho de mão.

Objetivo. força nos membros superiores e coordenação motora.

49 COMANDO-VALER: o professor dará um comando, iniciando com: comando valer, e as crianças deverão responder com o gesto de balançar suas mãos na altura da cintura. O professor dará outros comandos:

- comando alto: colocar as mãos para o alto;
- comando nariz: colocar as mãos no nariz;
- comando joelho: colocar as mãos no joelho.

Obs. o ideal é confundir, dizer uma parte do corpo e tocar com as mãos em outra.

Atividades Semanais

Para elaborar as atividades que serão desenvolvidas no decorrer da semana é necessário levar em consideração alguns aspectos como:

- *O INÍCIO DA AULA:* a criança chega à escola com muitas expectativas de como será seu dia, portanto é importante que o professor a recepcione com alegria e proponha um espaço para conversar, cantar, agradecer a família, amigos.

- *AS ATIVIDADES:* o conteúdo a ser desenvolvido deve ter um significado para a criança; não pode simplesmente ser entregue uma folha e explicada a atividade como se estivéssemos lidando com um adulto. Que motivação a criança terá para realizar tal atividade? Como será introduzida? É necessário despertar a curiosidade e o prazer em realizá-la. O professor poderá estimular a curiosidade através de uma conversa, uma história, uma música. O tema escolhido é importante, mas a forma como ele será desenvolvido é essencial.

- *O trabalho em grupo:* deve haver um momento para que as crianças realizem atividades em grupo, estabelecendo a cooperação e a troca de experiências. Esse momento é mágico, basta o professor motivar e conduzir a atividade de forma adequada, portanto é necessário que haja a troca do mobiliário constantemente. Dê aulas com as carteiras em círculo, em duplas, mude-as da vertical para horizontal e vice-versa. Já está na hora de eliminarmos as fileiras e colunas, um atrás do outro. Vivemos em sociedade, então é necessário abordar com as crianças a forma de lidarmos com nossos deveres e direitos, desenvolvendo uma parceria produtiva.

- *Interrupção momentânea:* dentro da sala de aula, o professor é interrompido de muitas maneiras, pela direção, coordenação, outros alunos pedindo material e o próprio aluno que interrompe sua aula, para dizer algum assunto que nem estava sendo cogitado. É importante que o professor tenha "jogo de cintura" para aproveitar estas interrupções. Por exemplo: o professor está explicando um conteúdo de matemática: subtração. A sala inteira concentrada e... de repente, alguns alunos começam a gritar. Entrou uma abelha na sala. Pronto! Não era preciso mais nada para acabar com a aula que ele havia preparado. É nesse momento que o professor pode e deve aproveitar a intromissão da abelha para falar do modo de vida, o que ela produz e dizer que o ser humano está destruindo estes insetos trabalhadores. O professor poderá introduzir a subtração como algo que está dentro de um contexto que será estabelecido futuramente. A partir deste momento é possível, até mesmo, falar de Ciências, História, Geografia, Matemática, Português. Basta o professor estar atento a estes pequenos detalhes.

- *Lição de casa:* o professor deverá motivar a criança para que a mesma realize a lição em casa de forma prazerosa. Muitos pais reclamam que o professor envia lição que os filhos não sabem realizar sem o auxílio deles. Portanto, é essencial que o professor envie a lição como forma de fixação do que foi dado em aula, que explique a lição em sala, como deve ser feita e qual seu objetivo e, retome o assunto na próxima aula. Além de conscientizar os pais de que a parceria entre escola e família é imprescindível para o desenvolvimento pleno das crianças. Nossas crianças nasceram na era da globalização, do terrorismo e da queda do Word Trade Center, em Nova York Não PODEMOS IGNORAR ESTE FATO. É PRECISO ATUALIZAR-SE.

- *Finalizar a aula:* deixe a criança com gostinho de "quero mais", conte as novidades que terão no próximo dia. A criança não pode ter consciência de que acabou a aula, quando o professor diz "podem guardar o material". E, aguenta ouvidos, pois tudo o que as crianças não conversaram durante o dia, querem fazer nesse momento.

Considerações Finais

Elaborar este livro fez-me refletir ainda mais, sobre a importância e a valorização do profissional que atua na área de Educação Infantil.

Acredito que o futuro de nosso país está nas mãos desses pequeninos seres que hoje frequentam a escola cada vez mais cedo. É preciso conscientizar pais e professores do papel que eles exercem.

Estamos vivendo um momento de grandes conflitos sociais e econômicos, numa sociedade que corre contra o tempo, numa sociedade com pais sentindo-se culpados por ausentarem-se tanto tempo do convívio com seus filhos, numa sociedade extremamente consumista.

É a partir da reflexão e da conscientização de nosso papel, que podemos exercer a verdadeira cidadania e respeitar os direitos de nossas crianças. O direito a uma educação de qualidade, que visa a construção de cidadãos íntegros, honestos e, acima de tudo, comprometidos com o próximo.

Vale a pena educar, sim! O retorno teremos mais tarde, num futuro bem próximo.

Referências

ABREU, M. C. e MASETTO, M. T. *O Professor Universitário em aula*, São Paulo, Editores Associados, 1990.

ANTUNES, C. *Jogos para a estimulação de Inteligências Múltiplas*, Rio de Janeiro, Petrópolis, Editora Vozes, 1999.

BROCKERT, S. e BRAUN, G. *Inteligência Emocional – Teste o seu Q.E,* Rio de Janeiro, Editora Record,1996.

COSTA, S. B. *Para quem você trabalha? A Essência da Motivação – A arte de viver.* Coleção pensamentos de sabedoria, São Paulo, Editora Martin Claret, 1998.

CUNHA, B. M. *Modos e Maneiras,* São Paulo. Editora Evoluir, 2000.

CURY, AUGUSTO *O código da inteligência e a excelência emocional*, Editora Agir, Rio de Janeiro, 2010.

DEHAENE, S. *Os Neurônios da leitura.* Porto Alegre. Ed. Penso, 2012.

FORD, J. *Amar uma criança – Dicas para expressar o afeto no cotidiano*, São Paulo, Editora Ágora,1997.

FREIRE, P. *Educação e Mudança*, Editora Paz e Terra, Rio de Janeiro,1983.

GARCIA, J. N. *Manual de Dificuldades de Aprendizagem*, Porto Alegre. Artmed, 1998.

GOLEMAN, D. *O Espírito Criativo*, São Paulo, Editora Cultrix, 2000.

GOLEMAN, D. e SENGE, P. *O Foco Triplo,* Editora Objetiva, 2015.

GOMES,V. M. *Prática Psicomotora na Pré-Escola,* Editora Ática, São Paulo, 1995.

HAETINGER, M. G. *Criatividade, criando arte e comportamento*, Instituto Criar, 1998.

HELLER, R. *Como motivar pessoas – série Sucesso Profissional,* Publifolha, 1999.

KOSINSKI,R.J. *41 respostas sobre ensino e cotidiano escolar*, Ed.Scipione, São Paulo, 1998.

KUPSTAS, M. e outros. *Educação em Debate*, São Paulo, Editora Moderna, 1998.

LENHARD, R. *Escola – Dúvidas e Reflexões,* São Paulo, Editora Moderna, 1998.

LOMONICO, C. F. *Psicopedagogia: teoria e prática*, São Paulo, Edicon, 1984.

LÓPEZ, R. E. *Introdução à Psicologia Evolutiva de Jean Piaget*, Editora Cultrix, São Paulo, 1993.

MARINS, L. A. F. *Socorro – Preciso de Motivação*, São Paulo, Editora Harbra, 1995.

MIZUKAMI, M. G. N. *Ensino: As Abordagens do Processo*, São Paulo, EPU, 1986.

MOLCHO, S. *A linguagem corporal da criança*, São Paulo, Editora Gente, 2005.

MORALES, P. *A relação professor-aluno – o que é, como se faz*, São Paulo, Edições Loyola, 1999.

MOREIRA, M. A. e MASINI, E. F. S. *Aprendizagem Significativa – A teoria de David Ausubel*, Editora Moraes, São Paulo, 1982.

MOYLES, J. *Fundamentos da Educação Infantil, enfrentando o desafio.* Porto Alegre, Artmed, 2010.

OLIVEIRA, Z. M. R. *Educação Infantil: muitos olhares*, Editora Cortez, São Paulo, 1995.

PILETTI, N. *Psicologia Educacional*, Editora Ática, São Paulo, 1982.

QUELUZ, A . G. e outros. *Interdisciplinaridade – Formação de Profissionais da Educação*, Editora Pioneira, São Paulo, 2000.

RAPPAPORT,C. R. *Temas Básicos de Psicologia – Psicologia da Aprendizagem – Volume 9*, EPU, São Paulo, 1984.

Referencial Curricular Nacional para a Educação Infantil Ampliação do Universo Cultural, Ministério da Educação e do Desporto, Secretaria de Educação Fundamental, Brasília, 1998.

RECTOR, M. e TRINTA, A . R. *Comunicação do Corpo.* São Paulo, Editora Ática, 1990.

REGO, T. C. *Vygotsky - Uma perspectiva histórico-cultural da educação.* Rio de Janeiro. Editora Vozes,1998.

ROCHA, R. *O menino que aprendeu a ver*, Quinteto Editorial, São Paulo, S.D.

ROLLINS, C.E. *52 Maneiras de Firmar sua Auto–Estima e Autoconfiança*, Rio de Janeiro, Editora Record, 1996.

SEVERINO, A . J. *Metodologia do Trabalho Científico*, Editora Cortez, São Paulo, 1993.

TAPIA, J.A e FITA.E.C. *A motivação em sala de aula – o que é, como se faz,* São Paulo, Edições Loyola, 1999.

TIBA, I. *Ensinar Aprendendo – Como superar os desafios do relacionamento professor-aluno em tempos de globalização*, São Paulo, Editora Gente, 1998.

________ *Seja Feliz Meu Filho,* Editora Gente, São Paulo, 1995.

TONUCCI, F. *Com olhos de criança*, Porto Alegre, Artes Médicas, 1997.

VYGOTSKY.,L. S. *A formação social da mente*, São Paulo, Ed. Martins Fontes, 1984.

ZABALA, A. *A Prática Educativa, como ensinar.* Porto Alegre, Artmed.